于漪 主编

"青青子衿"传统文化书系

交往之道

王想龙 编著

山西出版传媒集团
山西教育出版社

图书在版编目（CIP）数据

交往之道/王想龙编著. —太原：山西教育出版社，2016.5（2022.6重印）
（"青青子衿"传统文化书系/于漪主编）
ISBN 978-7-5440-8339-3

Ⅰ. ①交… Ⅱ. ①王… Ⅲ. ①中华文化-通俗读物 Ⅳ. ①K203-49

中国版本图书馆CIP数据核字（2016）第065504号

交往之道
JIAOWANG ZHI DAO

责任编辑	崔 璨　许亚星
复　　审	刘晓露
终　　审	郭志强
装帧设计	薛 菲　孟庆媛
印装监制	贾永胜
出版发行	山西出版传媒集团·山西教育出版社
	（太原市水西门街馒头巷7号　电话：：0351-4729801　邮编：030002）
印　　装	北京一鑫印务有限责任公司
开　　本	889×1194　1/32
印　　张	8.5
字　　数	181千字
版　　次	2016年5月第1版　2022年6月第2次印刷
印　　数	8 001—11 000册
书　　号	ISBN 978-7-5440-8339-3
定　　价	48.00元

如发现印装质量问题，影响阅读，请与印刷厂联系调换。电话：010-61424266

序言

文化是民族的血脉，是人的精神家园。

一颗没有精神家园的心灵，就会浮游飘荡，既不可能潜心思考自己生命的意义与价值，也不可能对他人有真挚的情感关切，更不可能对社会有发自肺腑的责任感。

中华传统文化源远流长，其中的优秀遗产积淀着中华民族最深层的精神追求，代表着中华民族独特的精神标志，为中华民族生生不息、发展壮大提供了丰厚滋养。她哺育了一代代中华优秀儿女，支撑他们成为中国的脊梁。

成长中的青少年认真汲取其中的精华和道德精髓，就会长智慧，明方向，增力量，懂得自己根在何处，魂在何方。经典活在时间的深处，价值追求，在文字海洋里奔腾。《"青青子衿"传统文化书系》助你发现其中蕴含的优秀文化基因，探寻当下时代的使命，让您有渴饮琼浆的快乐，醍醐灌顶的惊喜。

于漪 2015年岁末

前言

为了弘扬和传承中华优秀传统文化，不断寻找和挖掘中华民族优秀传统文化的根基和底蕴，从而更好地面对当今社会主流文化的冲击与抗争，这就需要我们不断巩固和完善社会主义核心价值体系，丰富社会主义优秀文化，努力提升自己作为公民的政治素养、道德品质和理想人格，牢固树立强烈的民族自信心和自豪感。

本书是《"青青子衿"传统文化书系》的第八本，主题是"交往之道"。我们都知道：人生从另外一个角度来看，就是一场与形形色色的人交往的过程。对于不同的人，我们应该采取不同的交际之道，方能掌控取胜之道。青年人要学一点交际之道，然而对于交际之道的学习一定要借助对话与情景。本书正是以中国历史与优秀传统文化中的人物故事为切入点，试图从这些人物身上提炼出相对成熟而又完整的交际术,并揭示其义理,这些思想内容对传承中华民族优秀传统文化、丰富思想认识、提升道德情操、开拓理想境界,都大有裨益。

本书共分为十章,围绕"交往之道"这一主题阐述了以下五个方面的问题:一是强调我们在交际过程中首先就要做到认识自己,从而更好地懂得交往的意义,进而成就自我,融入社会,主要是第一章的内容。二是从为人处世的角度阐明了交往和处世等,应遵循的原则和规律以及怎样传递交往的力量,主要是第二、第三两章的内容。三是具体展现了中华优秀传统文化中人际交往的几种主要类型,并呈现出"君子之交淡如水""布衣之交不可欺"和"生死之交永不忘"的理想境界,让读者充分感受到优秀传统文化在交往中的魅力,传递出人际交往的正能量,主要是第四、第五、第六章的内容。四是阐述了在人际交往中要发扬和传承的诚信、谨慎、礼仪等几种优秀品质,并引导我们共同思考交往的意义所在,主要是第七、第八、第九章的内容,这一部分的内容也是我们在编写过程中最为关注的。五是指出了人际交往的最高境界,就是天、地与人三者的有机融合,告诉我们天地人之道是人类共同的法则,主要是第十章的内容。

因此,本书既注重对"交往"这一概念和能力的认识与发展,更关注我们在交往过程中对于"道"的体认与反思,尤其是在"义理揭示"中,非常注重与社会生活实际的关联性,强调和突出这一人物或故事中所表现出的人际交往的核心要素,并有针对性地进行阐发,力争让读者有更多的触动、思考与启发。基于此,我们在编写的时候,特别注重对"原文选读"的筛选与整合,在关注学生阅读的已知与未知的同时，尤其注重选文的普适性和核心价值，使学生能够主动地、有兴趣地且富于创造性地走进阅读文本。如果能做到这样，一定程度上也能弥补当今语文阅读教学中存在的一些问题与不足。

衷心期待广大读者朋友们在阅读本书的同时，能够充分调动大家的学习、生活、知识和情感积累，在阅读与体验中更好地懂得与人交往，不断地认识自己、提升自己，学会了解、包容他人，主动摒弃功利色彩，努力追求至高无上的交往境界，不断收获更多更好的情谊，成就美好的人生。

由于编者的水平有限，本书有许多不足与疏漏，敬请广大读者朋友们批评和指正。

目录

第一章　认识自己

◎ **文化典籍** ::001

一　孔子论"不患" ::001

二　孔子论"自省" ::002

三　各言其志 ::004

四　人皆有不忍人之心 ::005

五　人性本善 ::007

六　自暴自弃 ::010

七　人不可以无耻 ::011

八　操心虑患，多能通达 ::012

九　知其所止 ::014

　　十　王积薪闻棋 ::015

◎ **文化倾听** ::017

◎ **文化传递** ::020

◎ **文化感悟** ::022

第二章　交友之道

◎ **文化典籍** ::023

　　一　益者三友，损者三友 ::023

　　二　交友无绝 ::024

　　三　友其德也，不可有挟 ::026

　　四　知人论世 ::028

　　五　素位而行，安分守己 ::029

　　六　与人不争 ::031

　　七　曲突徙薪 ::033

　　八　泽人网雁 ::035

　　九　陈太丘与友期 ::036

　　十　管宁割席 ::038

◎ **文化倾听** ::040

◎ **文化传递** ::043

◎ **文化感悟** ::045

第三章　处世之道

◎ 文化典籍 ::046

　　一　吾道一以贯之　::046

　　二　君子务本　::047

　　三　行己有六本　::049

　　四　生于忧患，死于安乐　::050

　　五　田子方侍坐　::053

　　六　齐家先修身　::055

　　七　工之侨献琴　::057

　　八　刘宽仁恕　::059

　　九　王安石待客　::061

　　十　刘凝之处世　::063

◎ 文化倾听 ::064

◎ 文化传递 ::067

◎ 文化感悟 ::070

第四章　君子之交

◎ 文化典籍 ::071

　　一　士相见礼　::071

　　二　和而不同　::074

　　三　子路初见　::075

　　四　君子之交淡若水　::077

五　君子中庸之道　::079

　　六　君子不患　::080

　　七　晋人好利　::082

　　八　范元琰遇盗　::084

　　九　中山君飨都士　::086

　　十　不偏不党　::088

◎ **文化倾听**　::090

◎ **文化传递**　::092

◎ **文化感悟**　::095

第五章　布衣之交

◎ **文化典籍**　::096

　　一　好生　::096

　　二　孟尝君舍人　::098

　　三　苏代为燕说齐　::100

　　四　章台见相如　::102

　　五　布衣之侠　::104

　　六　孙权劝学　::107

　　七　疏广归乡设酒食　::109

　　八　伯牙与钟子期　::111

　　九　贾岛推敲　::113

　　十　三顾茅庐　::115

◎ 文化倾听 ::117

◎ 文化传递 ::120

◎ 文化感悟 ::122

第六章　生死之交

◎ 文化典籍 ::123

　　一　朋友之馈 ::123

　　二　成子高寝疾 ::124

　　三　死而冠不免 ::126

　　四　刎颈之交 ::128

　　五　管仲与鲍叔牙 ::131

　　六　荀巨伯看友人疾 ::133

　　七　钱金玉舍生取义 ::135

　　八　范巨卿与张元伯 ::137

　　九　李勉为书生埋金 ::140

　　十　情同朱张 ::142

◎ 文化倾听 ::143

◎ 文化传递 ::146

◎ 文化感悟 ::148

第七章　交往以诚

◎ 文化典籍 ::149

　　一 交往以诚 ::149

　　二 子路辞于孔子 ::151

　　三 以德服人 ::153

　　四 自欺欺人 ::154

　　五 自我完善 ::156

　　六 季札挂剑 ::158

　　七 包惊几笃于友谊 ::159

　　八 鲁宗道为人刚直 ::160

　　九 涸辙之鲋 ::162

　　十 曾子烹彘 ::164

◎ 文化倾听 ::166

◎ 文化传递 ::169

◎ 文化感悟 ::171

第八章　交往以慎

◎ 文化典籍 ::172

　　一 君子慎其处 ::172

　　二 交往不可不慎 ::174

　　三 择师长不可不慎 ::176

　　四 以慎接于物 ::178

五　孙叔敖为楚令尹 ::180

　　六　直为人廉慎 ::182

　　七　圣人之所慎也 ::184

　　八　曾子衣敝衣以耕 ::187

　　九　晏子御者之妻 ::189

　　十　母贤子清 ::191

◎ 文化倾听 ::193

◎ 文化传递 ::196

◎ 文化感悟 ::198

第九章　交往以礼

◎ 文化典籍 ::199

　　一　不学礼，无以立 ::199

　　二　孔子观乡射 ::201

　　三　孟子欲休妻 ::203

　　四　良能良知 ::205

　　五　礼起于何也 ::206

　　六　晋献公之丧 ::209

　　七　曾子避席 ::211

　　八　礼贤下士 ::213

　　九　圣人知礼而有勇 ::215

　　十　知己而无礼 ::218

◎ 文化倾听 :: 220

◎ 文化传递 :: 223

◎ 文化感悟 :: 225

第十章　天地人之道

◎ 文化典籍 :: 226

　　一　问津 :: 226

　　二　孟子三乐 :: 228

　　三　天之道 :: 229

　　四　天地虽大 :: 231

　　五　大道之行也 :: 233

　　六　王者何贵 :: 235

　　七　齐大饥 :: 236

　　八　天人之分 :: 238

　　九　尧让天下于许由 :: 242

　　十　庞葱与太子质于邯郸 :: 246

◎ 文化倾听 :: 248

◎ 文化传递 :: 251

◎ 文化感悟 :: 254

第一章　认识自己

文化典籍

一　孔子论"不患"

【原文选读】

子曰:"不患①人之不己知,患不知人也。"

(选自《论语·学而》)

子曰:"不患无位,患所以立②;不患莫己知,求为可知也。"

(选自《论语·里仁》)

注释:

①患:担心,忧虑。
②所以立:指立身的才学,或立于其位的才学。

【文意疏通】

孔子说:"不忧虑别人不了解自己,只担心自己不了解别人。"

孔子说:"不要担忧自己没有职位,应担忧的是自己没有胜任职位的才能;不要忧愁没有人了解自己,应谋求能使别人了解自己的学问。"

【义理揭示】

在孔子看来,一个立志从政的人,是不会把眼睛总盯在职位或眼前的事物上,也不会总担心别人不理解自己,更不会担忧自己得不到一官半职。只要学会严格自律,并能够用"仁"的标准来约束自己,不断锤炼自己立身的本事和才学,并且及时反省自己有无胜任这一职位的道德修养水平和实际能力,才能更好地成就自己。

二 孔子论"自省"

【原文选读】

曾子①曰:"吾日三省②吾身。为人谋而不忠③乎?与朋友交而不信④乎?传不习乎⑤?"

(选自《论语·学而》)

子曰:"见贤思齐焉,见不贤而内自省也。"

(选自《论语·里仁》)

注释:

①曾子:名参(shēn),孔子的学生。

②三省(xǐng):省,察看,检查。

③忠:尽己之谓忠,对人尽心竭力的意思。

④信：以实之谓信，诚实的意思。

⑤传（chuán）：传授，这里指老师传授给学生的知识等。习，与"学而时习之"的"习"一样，指反复实习。古汉语中的"习"并没有现在的"复习"之意。

【文意疏通】

曾子说："我每天三次反省自己。为别人办事是不是尽心竭力了？同朋友交往是不是做到诚实可信了？老师传授给我的学业是不是及时复习了？"

同样，孔子也认为："看见有德有才的人就想到要向他看齐，见到无德无才的人内心就要自我反省，想想自己是否有同样的问题。"

【义理揭示】

自省，即自我反省。它的作用在于省察自己过去言行的是非好坏，看清自己的言行中到底出了什么问题，犯了什么过错，时刻提醒自己应注重道德修养和为人处世。这是孔子积极倡导的提升自我修养和人生境界的基本方法。曾子最后取得的成就是孔子弟子中最为卓著的，应该与他高尚的道德情操有着密不可分的关系。

本篇强调学习和反省在"克己、修身和立人"中的重要意义。当今社会，人们大凡都有"见贤思齐"之心，但少有能时时处处都付诸行动和实践的人，更少有"见不贤而内自省"的人。孔子的这种谦虚谨慎、不断反省自我的精神，值得我们好好地学习。

三 各言其志

【原文选读】

颜渊季路侍。子曰:"盍①各言尔志?"子路曰:"愿车马衣轻裘与朋友共,敝之而无憾。"颜渊曰:"愿无伐善②,无施劳③。"子路曰:"愿闻子之志。"子曰:"老者安之,朋友信之,少者怀之。"

(选自《论语·公冶长》)

注释:

①盍:通"何",为什么不。
②伐善:夸耀自己的优点或才能。伐,夸耀。
③施劳:张扬自己的功劳。施,张扬、炫耀。

【文意疏通】

颜渊、子路两人侍立在孔子身边。孔子说:"你们何不各自说说自己的志向?"子路说:"我愿意拿出自己的车马、衣服、皮袍,同我的朋友共同使用,用坏了也不抱怨。"颜渊说:"我愿意不夸耀自己的长处,不夸大自己的功劳。"子路说:"我愿意听听您的志向。"孔子说:"我的志向是让老年人安享晚年,让朋友们信任我,让年轻人得到关怀。"

【义理揭示】

在这一章里,孔子及其弟子自述志向,主要谈的是个人道德修养及为人处世的态度。孔子重视培养"仁"的道德情操,从各方面严格要求自己和学生。从本段中可以看出，孔子的志向是让老者得以安养，让朋友以诚相待，让年少者得到关爱。从子路与颜渊的志向中我们不难发现，子路注重朋友之义，颜渊注重自我修养，孔子则自然流露出造福他人、各得其所的仁者之怀。只有孔子的志向最接近于"仁德"，要知道孔子并不是非要把弟子们引向哪里，而是懂得理解和尊重他们的志向。

四 人皆有不忍人之心

【原文选读】

孟子曰："人皆有不忍人之心①。先王有不忍人之心，斯有不忍人之政矣。以不忍人之心，行不忍人之政，治天下可运之掌上。所以谓人皆有不忍人之心者，今人乍②见孺子将入于井，皆有怵惕恻隐③之心，非所以内交④于孺子之父母也，非所以要誉⑤于乡党朋友也，非恶其声而然也。由是观之，无恻隐之心，非人也；无羞恶之心，非人也；无辞让之心，非人也；无是非之心，非人也。恻隐之心，仁之端⑥也；羞恶之心，义之端也；辞让之心，礼之端也；是非之心，智之端也。人之有是四端也，犹其有四体也。有是四端而自谓不能者，自贼者也；谓其君不能者，贼其君者也。凡有四端于我⑦者，知皆扩而充之矣，若火之始然⑧，泉之始达。苟能充之，足以保⑨四海；苟不充之，不足以事父母。"

(选自《孟子·公孙丑上》)

注释：

①不忍人之心：怜悯心，同情心。

②乍：突然，忽然。

③怵惕（chù tì）：惊惧。恻隐：哀痛，同情。

④内交：即结交，"内"同"纳"，接纳。

⑤要誉：博取名誉。"要"同"邀"，求。

⑥端：开端，源头。

⑦我：自己。

⑧然：同"燃"，燃烧。

⑨保：定，安定。

【文意疏通】

孟子说："每个人都有怜悯体恤别人的心情。古代圣王由于怜悯体恤别人的心情，所以才有怜悯体恤百姓的政治。用怜悯体恤别人的心情，施行怜悯体恤百姓的政治，治理天下就可以像在手掌心里面运转东西一样容易了。如果今天有人突然看见一个小孩要掉进井里面去了，人们必然会产生惊奇同情的心理，这不是因为他想要去和这孩子的父母拉关系，不是因为他想要在乡邻朋友中博取声誉，也不是因为厌恶这孩子的哭叫声，才会产生这种惊奇同情的心理。由此看来，没有同情心，简直不是人；没有羞耻心，简直不是人；没有谦让心，简直不是人；没有是非心，简直不是人。同情心是'仁'的发端，羞耻心是'义'的发端，谦让心是'礼'的发端，是非心是'智'的发端。人有这四种发端，就像有了四肢一样。有了这四种发端，却自认为不行的，是自暴自弃的人；认为他的君主不行的，是暴弃君主的人。凡是有这四种发端的人，知道都要扩大充实它们，就像火刚刚开始燃烧，泉水刚刚开始流淌。如果能够扩充它们，便足以安定天下；如果不能够扩充它们，就连赡养父母都成问题。"

【义理揭示】

孟子指出人性的发端是"仁义礼智"的"不忍人之心"，这似乎具有主观唯心主义的色彩。但从另一方面来说，孟子也不是完全否认后天培养的作用。他认为"不忍人之心"包含四个方面，即"恻隐、羞恶、辞让、是非"之心，简称为"四心"。同时，也指出"不忍人之心"是人本身所固有的，没有它，人就不能真正成为人。因此，我们在认识自己的过程中就要始终保有"四心"，并不断地在实践中扩大充实，才能使自己不忘本心，不失"四心"。

五 人性本善

【原文选读】

公都子[①]曰："告子曰：'性无善无不善也。'或曰：'性可以为善，可以为不善；是故文武兴，则民好善；幽厉兴，则民好暴。'或曰：'有性善，有性不善。是故以尧为君而有象[②]，以瞽瞍[③]为父而有舜，以纣为兄之子，且以为君，而有微子启、王子比干。'今曰'性善'，然则彼皆非与？"

孟子曰："乃若[④]其情，则可以为善矣，乃所谓善也。若夫为不善，非才之罪也。恻隐之心，人皆有之；羞恶之心，人皆有之；恭敬之心，人皆有之；是非之心，人皆有之。恻隐之心，仁也；羞恶之心，义也；恭敬之心，礼也；是非之心，智也。仁义礼智，非由外铄⑤我也，我固有之也，弗思耳矣。故曰：'求则得之，舍则失之。'或相倍蓰⑥而无算者，不能尽其才者也。《诗》曰：'天生蒸民，有物有则⑦。民之秉夷⑧，好是懿德。'孔子曰：'为此诗者，其知道乎！故有物必有则，民之秉夷也，故好是懿德⑨。'"

（选自《孟子·告子上》）

注释：

①公都子：孟子的学生。

②象：舜的异母弟，品行不善。

③瞽瞍（gǔ sǒu）：舜的父亲，品行不善。

④乃若：转折连词，相当于"至于"。

⑤铄（shuò）：授予，给予。

⑥蓰（xǐ）：五倍为蓰。

⑦蒸：众。则：法则。

⑧秉夷（yí）：持执常道。

⑨懿德：美德。

【文意疏通】

公都子说："告子说：'人性无所谓善良不善良。'又有人说：'人性可以使它善良，也可以使它不善良。所以周文王、周武王当朝，老百姓就善良；周幽王、周厉王当朝，老百姓就横暴。'也有人说：'有的人本性善良，有的人本性不善良。所以虽然有尧这样善良的人做天子却有象这样不善良的臣民；虽然有瞽瞍这样不善良的父亲，却有舜这样善良的儿子；虽然有殷纣王这样不善良的侄儿，并且做了天子，却也有微子启、王子比干这样善良的长辈和贤臣。'如今老师说'人性本善'，那么他们都说错了吗？"

孟子说:"从天生的性情来说,都可以使之善良,这就是我说人性本善的意思。至于说有些人不善良,那不能归罪于天生的资质。同情心,人人都有;羞耻心,人人都有;恭敬心,人人都有;是非心,人人都有。同情心属于仁;羞耻心属于义;恭敬心属于礼;是非心属于智。这仁义礼智都不是由外在的因素加给我的,而是我本身固有的,只不过平时没有去想它因而不觉得罢了。所以说:'探求就可以得到,放弃便会失去。'人与人之间有相差一倍、五倍甚至无数倍的,正是由于没有充分发挥他们的天生资质的缘故。《诗经》说:'上天生育了人类,万事万物都有法则。老百姓掌握了这些法则,就会崇尚美好的品德。'孔子说:'写这首诗的人真懂得道啊!有事物就一定有法则,老百姓掌握了这些法则,所以他们能够崇尚美好的品德。'"

【义理揭示】

本篇提出了"求则得之,舍得失之"的问题。按照孟子的说法,人性本善,人性本来有"四心",就连"仁义礼智"这四种品质道德,也都是"我固有之也,弗思耳矣"。只不过平时我们没有去关注它,因此感觉不到它的重要罢了。

其实,万事万物都有法则,只有掌握了这些法则,我们才能有更高的追求。古往今来,有多少人在寻求仁义礼智、世间公道,却原来都是背着"娃娃"找"娃娃"。孟子教育我们说:"娃娃"不就在你的身上吗?因此,我们都要学会反省自己,不断寻求"仁义礼智"的善这根"幼苗",精心地培养,并使之茁壮成长。

六 自暴自弃

【原文选读】

孟子曰:"自暴①者,不可与有言也;自弃者,不可与有为也。言非②礼义,谓之自暴也;吾身不能居仁由义,谓之自弃也。仁,人之安宅也;义,人之正路也。旷③安宅而弗居,舍正路而不由,哀哉!"

(选自《孟子·离娄上》)

注释:

①暴:损害,糟蹋。

②非:诋毁。

③旷:闲着,这里指闲置不用。

【文意疏通】

孟子说:"自己糟蹋自己的人,和他没有什么好说的;自己抛弃自己的人,和他没有什么好做的。出言便诋毁礼义,这就叫作自己糟蹋自己。自认为不能居仁心,行正义,这就叫作自己抛弃自己。仁,是人类最安适的精神住宅;义,是人类最正确的光明大道。把最安适的住宅空起来不去住,把最正确的大道舍弃在一边不去走,这可真是悲哀啊!"

【义理揭示】

战国时期,孟子曾教导他的学生不要做自暴自弃的人,学生并

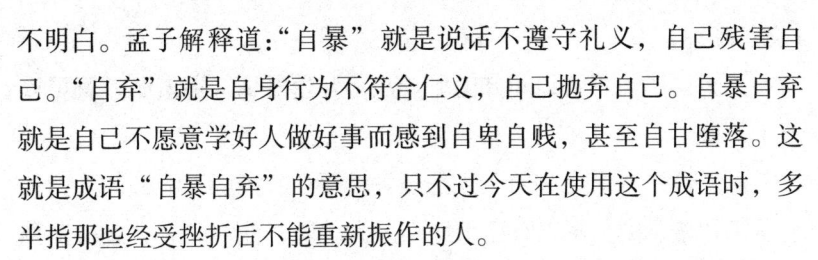

不明白。孟子解释道:"自暴"就是说话不遵守礼义,自己残害自己。"自弃"就是自身行为不符合仁义,自己抛弃自己。自暴自弃就是自己不愿意学好人做好事而感到自卑自贱,甚至自甘堕落。这就是成语"自暴自弃"的意思,只不过今天在使用这个成语时,多半指那些经受挫折后不能重新振作的人。

"仁与义"都是人类最美好的东西,我们不应该轻易地抛弃。如果舍弃了它,就等于舍弃了自己。人有禀赋的不足,可以通过努力来弥补;人有气质的不良,可以通过提高修养来修炼自己。唯有自暴自弃的人,他们的人生注定是悲哀的!

七 人不可以无耻

【原文选读】

孟子曰:"人不可以无耻。无耻之①耻,无耻矣。"

孟子曰:"耻之于人大矣!为机变②之巧者,无所用耻焉。不耻不若人,何若人有③?"

(选自《孟子·尽心上》)

注释:

①之:至。

②机变:奸诈。

③何若人有:即"何有若人"。

【文意疏通】

孟子说:"人不可以不知羞耻。从不知羞耻到知道羞耻,就可以免于羞耻了。"

孟子说:"羞耻之心对于人是至关重要的!搞阴谋诡计的人,他们是不知羞耻的。不以自己不如别人为羞耻,他们又怎么赶得上别人呢?"

【义理揭示】

俗话说:"人有脸,树有皮,电灯泡有玻璃。"说的就是羞耻之心,人皆有之。《礼记·中庸》曰:"知耻近乎勇。"意思是说知道羞耻就接近勇敢了。"无耻至耻,免于羞耻。"只有能知耻才能免于耻辱,只有无耻之甚的卑鄙之徒,才不知世间有"羞耻"二字。由于羞耻感对于个人的思想道德行为具有强大的制裁力量,所以儒家非常强调"耻"的重要性。

八 操心虑患,多能通达

【原文选读】

孟子曰:"人之有德、慧、术、知者,恒存乎疢疾[①]。独孤臣孽子[②],其操心也危,其虑患也深,故达。"

孟子曰:"有事君人者,事是君则为容悦者也;有安社稷臣者,以安社稷为悦者也;有天民者,达可行于天下而后行之者也;有大人者,正己而物正者也。"

(选自《孟子·尽心上》)

注释：

①疢（chèn）疾：忧患。

②孽子：非嫡妻所生之子叫庶子，也叫孽子，一般地位卑贱。

【文意疏通】

孟子说："人的品德、智慧、本领、知识，往往产生于灾患之中。那些受疏远的大臣和贱妾所生的儿子，经常操心着危难之事，深深忧虑着祸患降临，所以能通达事理。"

孟子说："有一些侍奉君主的人，专以讨得君主的欢心为喜悦；有一些安定国家的臣子，以安定国家为喜悦；有一些顺应天理的人，当他的主张能行于天下时，他才去实行；有一些伟大的人，他们端正了自己，天下万物就随着端正了。"

【义理揭示】

最粗壮的树，不是生长在丛林中，而是生长在旷野中，受尽风吹雨打。同样，最成功的人，不是在顺境中成长的，而是在逆境里成长起来的。这表明：人要对自己以及周围的环境和现实有清醒的认知。清代人石成金《传家宝》说："世路风霜，吾人炼心之境也；世情冷暖，吾人忍性之地也。"弗兰西斯·培根说："顺境最易见败行，逆境最可见美德。"说到底，都是在强调"生于忧患"的重要意义。

本篇告诉我们不要悲叹出身贫寒低微，更不要抱怨遭人排挤。要在逆境中学会端正自己的行为，感谢自己遭受的困难，甚至是感谢你的敌人，最终才能端正自己，真正成为一个具有美德的人。

九 知其所止

【原文选读】

《诗》云:"邦畿千里,惟民所止。①"《诗》云:"缗蛮黄鸟,止于丘隅②。"子曰:"于止,知其所止,可以人而不如鸟乎!"

《诗》云:"穆穆文王,於缉熙敬止③!"为人君,止于仁;为人臣,止于敬;为人子,止于孝;为人父,止于慈;与国人交,止于信。

(选自《礼记·大学》)

注释:

①邦畿千里,惟民所止:引自《诗经·商颂·玄鸟》。邦畿(jī),都城及其周围的地区;止,有至、到、停止、居住、栖息等多种含义,在这里是居住的意思。

②缗蛮黄鸟,止于丘隅:引自《诗经·小雅·绵蛮》。缗蛮,即绵蛮,鸟叫声;隅,角落;止,栖息。

③"穆穆"一句引自《诗经·大雅·文王》。穆穆,仪表美好端庄的样子;於,叹词;缉,继续;熙,光明;止,语气助词,无义。

【文意疏通】

《诗经》说:"京城及其周围,都是老百姓向往的地方。"《诗经》又说:"'绵蛮'叫着的黄鸟,栖息在山冈上。"孔子说:"连黄鸟都知道它该栖息在什么地方,难道人还真的比不上一只鸟儿吗?"

《诗经》说:"品德高尚的文王啊,为人光明磊落,做事始终庄

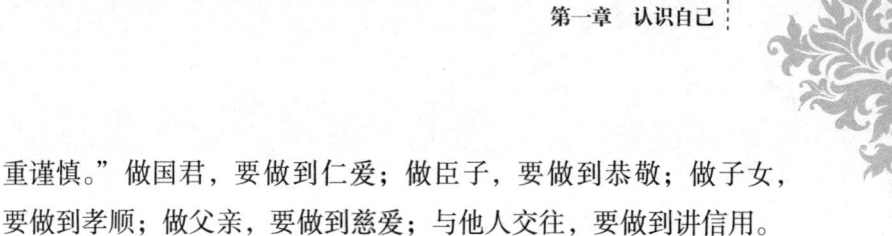

重谨慎。"做国君，要做到仁爱；做臣子，要做到恭敬；做子女，要做到孝顺；做父亲，要做到慈爱；与他人交往，要做到讲信用。

【义理揭示】

"止于至善"的经义，首先在于"知其所止"，人要知道自己应该停在什么地方，才谈得上"止于至善"。俗话说："人往高处走，水往低处流。"正如文中所写，鸟儿尚且知道找一个栖息的林子，人怎么可以不知道自己落脚的地方呢？

《大学》有云："为人君，止于仁；为人臣，止于敬；为人子，止于孝；为人父，止于慈；与国人交，止于信。"它告诉我们，不同的人有不同的"所止"，关键就在于能否寻找到最适合自身的条件，最能扬长避短的位置和角色。做到"知其所止"，这才是最重要的。

十 王积薪①闻棋

【原文选读】

王积薪棋术功成，自谓天下无敌。将游京师，宿于逆旅。既灭烛，闻主人媪②隔壁呼其妇曰："良宵难遣③，可棋一局乎？"妇曰："诺。"媪曰："第几道下子矣。"妇曰："第几道下子矣。"各言数十。媪曰："尔败矣。"妇曰："伏局。"积薪暗记，明日复④其势，意思皆所不及也。

(选自《唐国史补》)

注释：

①王积薪：人名，唐朝著名围棋手。

②媪（ǎo）：老妇人，这里指下文"妇"的婆婆。

③遣：消磨。

④复：恢复。

【文意疏通】

王积薪的棋术高超，认为天下没有自己的对手。他打算去京城游学，在一家旅店借宿。熄灭蜡烛后，听见旅店主人老妇人在隔壁招呼她的儿媳说："美好的夜晚难以消磨，可以下一局棋吗？"妇人说："好的。"老太太说："第几道下子了。"妇人说："第几道下子了。"各自说了几十次。老太太说："你输了。"妇人说："我认输了。"王积薪暗暗地记住，第二天他将婆媳的棋势再重新摆试一遍，才发现自己的棋艺真的比不上她们。

【义理揭示】

故事以王积薪自负棋艺开始，自认不足而终，前后呼应，不仅故事情节完整，而且人物形象也十分饱满。他的自负虽不足取，但遇到店主和婆媳时却能不保守、不嫉妒，这又何尝不是他的可贵之处，也是他的棋艺得以提高的重要条件。

本篇生动地阐明了艺无止境、"学"亦无止境的道理，同时也告诉我们，在生活和交往中，要懂得尊重我们的竞争对手，在任何情况下都要虚心地向身边的人学习，多看到自己的不足。即便自己有一点本领，也不要骄傲自满，更不要看不起别人。殊不知，有时候尊重对手就是尊重你自己。

第一章 认识自己

文化倾听

在当今社会,正确认识自己的精神面貌、道德品质和才能,正确认识自己的过去和现在,正确认识自己的脾气和性格,这些都是一件相当重要而且又不太容易做到的事情,因为,我们往往过多地关注别人却忽视了对自己本身的关注。

生活中,有的人对别人认识很清楚,把握也很准确,而对自己却不能准确地认识和把握;也有人感叹自己不了解别人,却认为完全了解自己,这些都是不能正确认识自己的表现。

人为什么要认识自己呢?是为了反省自己,即自省。孔子曰:"吾日三省吾身。"(《论语·学而》)孔子又曰:"见贤思齐焉,见不贤而内自省也。"(《论语·里仁》)意思是见到贤能的人就要努力向他看齐,见到没有贤能的人就要以他为反面教材进行自我反省,这两者有所不同。因此,要想使自己的认识正确,就需要做到不断地自省,而自省的前提就是要正确认识自己。"自省可自明,自律促自成,自强保自信",这或许是当前在认识自己的思想转化中,应引以为鉴的行为观念。

认识自己是一个长期的并伴随我们一生的过程,这个过程中"自己"不是一成不变的。因为我们在认识自己的过程中,自己是"分饰两角",既作为认识主体去认识,又作为认识对象被认识。孔子曰:"吾十有五而志于学,三十而立,四十而不惑,五十而知天命,六十而耳顺,七十而从心所欲不逾矩。"(《论语·为政》)这一方面是对各种具体事物乃至对抽象的"天命"的认识,最终都可以

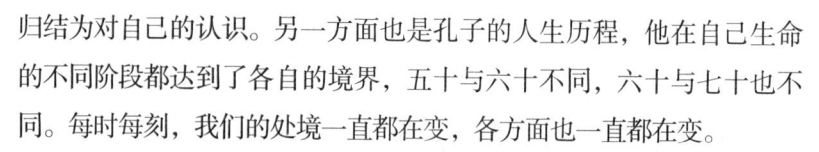

归结为对自己的认识。另一方面也是孔子的人生历程，他在自己生命的不同阶段都达到了各自的境界，五十与六十不同，六十与七十也不同。每时每刻，我们的处境一直都在变，各方面也一直都在变。

因此，在智者看来，自省的目的就在于改正错误，提高自己。生活中我们可以通过自我反省，检查自己的思想和行为，找出自己存在的不足，认识自己的过失并改进自己的行为。在自省中不断总结和吸收，使之能对自身条件有较为清楚的感知，并给予积极的肯定，做到"扬己之长而避己之短，行能为之事而弃难成之作"。

老子说："知人者智，自知者明；胜人者力，自胜者强。"这就是说能战胜别人的人，是有力量的人，而能够战胜自己的弱点，改正自己缺点的人，才是真正的强者。众所周知，汉高祖刘邦最大的优点就是自省。他不仅任人唯贤，认清自己的实力和所处形势，而且善于认识他人，鉴别他人，并通过认识和鉴别他人来提高自己。刚开始他根本不是项羽的对手，就顺从项羽，避其锋芒，韬光养晦。等进入关中以后，他广纳谏言，不仅改变了贪财好色的本性，而且"约法三章"，不抢掠财物妇女，最终为自己赢得了民心。

那么，我们要做到认识自己应该从哪里着手呢？庄子在《人间世》篇中给我们提供了一种认识自己的方法。他总结为两个字"心斋"，就是用心的斋戒去反躬内省，从而看清你自己。这句话是庄子假托孔子说的。学生颜回对孔子说："我想出去做事，我要去卫国阻止暴虐的国君的恶行。"孔子特别不屑地说："你别去了。你去了以后，碰到这么暴虐的一个人，你劝不好他，反而会被他杀了。"颜回说："我总要出去做事啊。"老师说："你现在还太毛躁，还没有看清自己，你出去做什么事都会一事无成的。你先自己去斋戒吧。"颜回就问老师："我们家很贫穷，不喝酒不吃肉已经好几个月了。我

第一章 认识自己

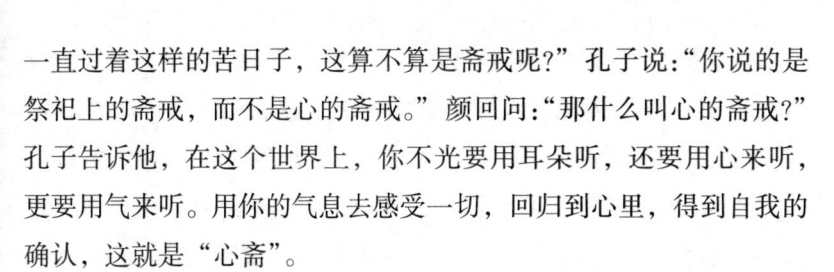

一直过着这样的苦日子，这算不算是斋戒呢？"孔子说："你说的是祭祀上的斋戒，而不是心的斋戒。"颜回问："那什么叫心的斋戒？"孔子告诉他，在这个世界上，你不光要用耳朵听，还要用心来听，更要用气来听。用你的气息去感受一切，回归到心里，得到自我的确认，这就是"心斋"。

这段话虽然假托孔子之口，但是出自《庄子》。这段话告诉我们，每个人都有一种认识自己的独特方式。然而，庄子在《齐物论》中指出："世界上的一切，以它自己的角度去观察，永远都有它自身的密码。这个密码是看不破的。"从这个意义上来讲，庄子告诉我们，人最难认知的是自己的心。人最难解答的就是"我究竟是谁"。只有清楚地了解自己的内心，才能够在这个世界上找到最基本的出发点，才能够去善待他人。世间万物千差万别，站在不同的角度，看到的事物就会完全不一样。如果我们只是站在自己的角度，以自己的方式，去看待或推断所有的事物，就会产生巨大的偏差，这是我们难以正确认识自己的最大障碍。

世间的一切事物都应该顺其自然，而不能自以为是地把自己的想法强加于别人。因为，有的时候，你的好意有可能会遭遇恶报，因为你正在以自己的方式强加于别人。正确认识自己，才能对自己作出较为准确、客观的估量和评价。被称为"科学和哲学之祖"的古希腊及西方第一个自然科学家、哲学家，也是西方思想史上第一个有记载、有名字留下来的思想家泰勒斯，曾有人问他："什么是最困难的事？"他回答："认识自己。"儒家的"三省吾身""见贤思齐"等无不表明反省自己，就是把自己或别人当作对象进行审视，让自己成为自己的"审判官"。鲁迅先生也说过："我有时解剖别人，但常常更严格的解剖自己，这样才能对自己有清醒的认识。"

只有保持一种完整的自我认识与良好的自我感知，才能够坚定自己的信念与意志，才能完善与保持最佳的自我状态，在别人眼中建立起一个完整的个人形象。认识自己，不仅要触及自己的思想和灵魂，而且要不断地解剖自己、发现自己、挑战自己，并且在实践中修正自己、接纳自己、提升自己，从而更好地认识世界和改造世界。

文化传递

在当今社会，人们对客观事物和其本质的真正认识，必须经过一个漫长而又艰苦的过程。我们的人生经历也说明，与对客观事物或其本质的认识相比，人要完成对自己的认识，那也是件很难的事情；而要认识到自己的缺点或者无知，那就是难上加难的事情了。正因为这样，我们更应该执着追求。

生活中我们常常自以为是，总觉得自己比别人高明，缺少自知之明，并且天生就有"好为人师"的毛病。所以，一个真正聪明的人，他的智慧，就在于是否能认识到自己的无知。

"认识你自己！"——这是铭刻在希腊圣城德尔菲神殿上的著名箴言。对这句箴言，周国平先生曾作过三种解释：一是人要有自知之明。它传达了神对人的要求，就是人应该知道自己的限度。二是每个人身上都藏着世界的秘密，因此，都可以通过认识自己来认识世界。在希腊哲学家中，晦涩哲人赫拉克利特说："我探寻过我自己。"还说，他的哲学仅是"向自己学习"的产物。三是每个人都是一个独一无二的个体，都应该认识自己独特的禀赋和价值，从而实现自我，真正成为自己。

第一章 认识自己

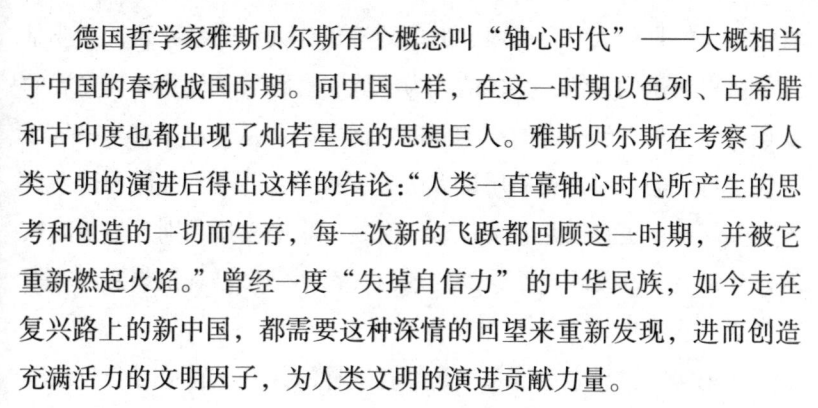

德国哲学家雅斯贝尔斯有个概念叫"轴心时代"——大概相当于中国的春秋战国时期。同中国一样,在这一时期以色列、古希腊和古印度也都出现了灿若星辰的思想巨人。雅斯贝尔斯在考察了人类文明的演进后得出这样的结论:"人类一直靠轴心时代所产生的思考和创造的一切而生存,每一次新的飞跃都回顾这一时期,并被它重新燃起火焰。"曾经一度"失掉自信力"的中华民族,如今走在复兴路上的新中国,都需要这种深情的回望来重新发现,进而创造充满活力的文明因子,为人类文明的演进贡献力量。

周国平先生说,在一定意义上,我们还可以把"认识你自己"理解为认识你最内在的自我,那个使你之所以成为你的核心和根源。只要认识了这个东西,你就能够做到心中有数,知道怎样的生活才合乎你的本性,你就能够知道自己要什么和可以要什么了。

即便这样,有时候,最内在的自我必定也是最隐蔽的,我们怎样才能认识它呢?在周国平先生看来,各种宗教都有静修内观的功夫,而对于一般人来说,那毕竟是有一点"玄"的。事实上,我们平时做事和与人相处,那个最内在的自我始终都是在表态的,只是往往不被我们留意罢了。因此,我们要留意,做什么事或与什么人相处时,我们的内心深处可能会感到喜悦,或者感到厌恶,这就是最内在的自我在表态,这样一种心灵的感觉需要得到我们的用心呵护。就此而论,知道自己最深刻的好恶就是认识自我,而一个人在这个世界上倘若有了自己真正钟爱的人和事,就可以算是在实现自我了。

然而,在当今这个繁华而浮躁的社会里,有多少人还愿意倾听内在自我的表态呢?多少人为了追逐所谓的名与利,而一次次地迷失了自己,看不清真正的自己,更不能说真正地认识自己了。他们的内心世界极度贫瘠,在茫茫的人海中随波逐流,根本不知道自己真正想要的是什么？自己内心追求的又是什么？归结原因，主要是这个世界的步伐太快，太多的人为了能一直跟随时代和社会发展的步伐，在追求自己所谓的"想要的生活"上，从未停止脚步，从而迷失了自己的方向，更不用说去认清、看清自己了。生活在这个世界上，却不知道自己是为了什么，而是一味地去追寻别人想要的东西，到最后，却发现自己得到的东西，都不是自己真正想要的，那是多么可悲呀！

在现实的世界中也许每一天都有这样的人，正在追寻着自己不想要的东西，而自己却浑然不知。当自己一旦得到时，才发现自己已经不再是曾经的那个自己。时间是不会等人的，也许我们会在某个时刻暂时迷失了自己，看不清自己，但是请你不要永远就这样迷失自己，甚至是看不清自己。认识自己，看看在里面的那个自己，一个真正有思想、有灵魂的自己，不要轻易被外表的自己所迷惑。

不要因为我们走得太远，而忘记了自己为什么出发！更多的时候，请你多看看自己，看看是否依旧认识自己，是否依旧是曾经的那个自己。路还很长，多认识认识自己！

文化感悟

1. 以上的选文中，你最欣赏哪一篇？说说它在"认识自己"这一主题中给你带来的启示。

2. 周国平在《认识你自己》一文中说道："人人都在写自己的历史，但这历史缺乏细心的读者。"阅读本章内容后，谈谈你对这句话的理解。

第二章 交友之道

文化典籍

一 益者三友，损者三友

【原文选读】

孔子曰："益者三友，损①者三友。友直，友谅②，友多闻，益矣。友便辟③，友善柔④，友便佞⑤，损矣。"

子曰："躬自厚而薄责于人，则远怨矣。"

（选自《论语·卫灵公》）

注释：

①损：损害。

②谅：讲信用，诚信。

③便辟：阿谀奉承。

④善柔：当面恭维，背后诽谤。

⑤便佞：花言巧语。

【文意疏通】

孔子说:"有三种有益的朋友,有三种有害的朋友。同正直的人交朋友,同诚实的人交朋友,同见多识广的人交朋友,这是有益的。同阿谀奉承的人交朋友,同当面恭维、背后诽谤的人交朋友,同花言巧语的人交朋友,这是有害的。"

孔子说:"多责备自己,少责备别人,就可以远离别人的怨恨了。"

【义理揭示】

本篇讲述了孔子的择友标准是正直、宽容和见多识广,并且传递出要交适合自己的、志同道合的、能给自己带来反思和借鉴的朋友,这样才能在交友中达到"见贤思齐"的目的。在交友的过程中,如果我们不断地求知求贤,不断地修德修为,并做到对自己的要求尽可能多一点,对别人的指责再少一点,那么,我们就有可能在交友中减少痛苦,远离怨恨,从而提升交友的质量。

二 交友无绝

【原文选读】

孔子曰:"良药苦于口而利于病,忠言逆于耳而利于行。汤武以谔谔①而昌,桀纣以唯唯②而亡。君无争③臣,父无争子,兄无争弟,士无争友,无其过者,未之有也。故曰:'君失之,臣得之;父失之,子得之;兄失之,弟得之;己失之,友得之。'是以国无危亡之兆,家无悖乱之恶,父子兄弟无失,而交友无绝也。"

(选自《孔子家语·六本》)

注释：

①谔谔（è）：直言进谏的样子。

②唯唯：恭敬顺从的应答声。

③争：通"诤"，直言劝谏。

【文意疏通】

孔子说："良药苦口利于病，忠言逆耳利于行。商汤和周武王因为能听取进谏的直言而使国家昌盛，夏桀和商纣因为只听随声附和的话而国破身亡。国君没有直言敢谏的大臣，父亲没有直言敢谏的儿子，兄长没有直言敢劝的弟弟，士人没有直言敢劝的朋友，要想不犯错误是不可能的。所以说：'国君有失误，臣子来补救；父亲有失误，儿子来补救；哥哥有失误，弟弟来补救；自己有失误，朋友来补救。'这样，国家就没有灭亡的危险，家庭就没有悖逆的坏事，父子兄弟之间就不会失和，朋友也不会断绝来往。"

【义理揭示】

通俗地说，如果一个人犯错，其实很多人都有"连带责任"。作为朋友，更是不能例外。真正的朋友是永远都不会断绝往来的，因为朋友之间的忠言有如"良药苦口利于病"。如果普通人没有敢于直谏和挑刺的朋友，看起来像是没有任何过错，实则是有错的，因为自己的错误，更多的时候是需要别人来发现和指出的。因此，我们在日常的交往中，自己犯了错，要正确地对待朋友的谏言，这样就会减少大的过失，交到更多的"益者三友"。

三 友其德也，不可有挟

【原文选读】

万章问曰："敢问友。"

孟子曰："不挟①长，不挟贵，不挟兄弟而友。友也者，友其德也，不可以有挟也。孟献子②，百乘之家也，有友五人焉：乐正裘、牧仲，其三人，则予忘之矣。献子之与此五人者友也，无献子之家者也。此五人者，亦有献子之家，则不与之友矣。非惟百乘之家为然也，虽小国之君亦有之。费③惠公曰：'吾于子思，则师之矣；吾于颜般，则友之矣；王顺、长息则事我者也。'非惟小国之君为然也，虽大国之君亦有之。晋平公之于亥唐④也，入云则入，坐云则坐，食云则食⑤；虽蔬食⑥菜羹，未尝不饱，盖不敢不饱也。然终于此而已矣。弗与共天位也，弗与治天职也，弗与食天禄也，士之尊贤者也，非王公之尊贤也。舜尚⑦见帝，帝馆甥⑧于贰室⑨，亦飨舜，迭为宾主，是天子而友匹夫也。用下敬上，谓之贵贵；用上敬下，谓之尊贤。贵贵尊贤，其义一也。"

(选自《孟子·万章上》)

注释：

①挟：倚仗。

②孟献子：鲁国大夫仲孙蔑。

③费：春秋时小国，旧地在今山东鱼台西南费亭。

④亥唐：晋国人。晋平公时，朝中多贤臣，但亥唐不愿为官，隐居穷巷，平公曾对他"致礼与相见面请事"，非常敬重。

⑤入云、坐云、食云：是云入、云坐、云食的倒装。云，说。

⑥蔬食：粗糙的饮食。蔬，同"疏"。

⑦尚：通"上"。

⑧甥：古时称妻子的父亲叫外舅，所以女婿也称"甥"；文中舜是尧帝的女婿。

⑨贰室：副宫，即招待的宫室。

【文意疏通】

万章问道："请问交朋友的原则是什么？"

孟子说："不倚仗年龄大的，不倚仗地位高的，不倚仗兄弟的势力去交朋友。交朋友，交的是品德，不能够有什么倚仗。孟献子是一位拥有百辆车马的大夫，他有五位朋友：乐正裘、牧仲，其余三位，我已经忘记了。孟献子与这五个人交朋友，心中并不存在自己是朕的观念。这五个人，如果心中存有献子是大夫的观念，也就不与献子交朋友了。不仅具有百辆车马的大夫有这样的，就是小国的国君也有这样的。费惠公说：'我对于子思，把他尊为老师；我对于颜般，和他成为朋友；至于王顺和长息，不过是侍奉我的人罢了。'不仅小国的国君有这样的，就是大国的国君也有这样的。晋平公对待亥唐，亥唐叫他进去他就进去，叫他坐他就坐，叫他吃他就吃。即使是糙米饭小菜汤，也没有不吃饱的，因为他不敢不吃饱。不过，晋平公也就是做到这一步而已。不同他一起共列官位，不同他一起治理政事，不同他一起享受俸禄，这只是一般士人尊敬贤者的态度，而不是王公贵族对待贤者的态度。从前，舜去拜见尧帝，尧让他的这位女婿住在副宫中。他请舜吃饭，舜也请他吃饭，两人互为客人和主人。这是天子与普通百姓交朋友的范例。地位低下的人尊敬地位高贵的人，这叫尊敬贵人；地位高贵的人尊敬地位低下的人，这叫尊敬贤人。尊敬贵人和尊敬贤人，道理都是一样的。"

【义理揭示】

古人十分看重交友，认为"虽有兄弟，不如友生"。在他们看来，交个好朋友，胜似亲兄弟，既可以"以友辅仁"，又可以避免"学不加进"的缺憾。可见，交友有利于人生的进取和事业的成功。

本篇孟子所言"不挟长，不挟贵，不挟兄弟而友"是为"友道"的三个原则，特别强调交友应以德行为标准，即"友其德"。在这个方面先哲们有以下忠告："以财交者，财尽而交绝；以色交者，华落而爱渝。""以权利合者，权利尽而交疏。""以势交者，势倾则绝；以利交者，利穷则散。"

四 知人论世

【原文选读】

孟子谓万章曰："一乡之善士斯友一乡之善士，一国之善士斯友一国之善士，天下之善士斯友天下之善士。以友天下之善士为未足，又尚①论古之人。颂②其诗，读其书，不知其人，可乎？是以论其世也。是尚友也。"

（选自《孟子·万章下》）

注释：

①尚：同"上"。

②颂：同"诵"，吟诵，吟咏。

【文意疏通】

孟子对万章说："一个乡里的优秀人物就和一个乡里的优秀人物交朋友，一个国家的优秀人物就和一个国家的优秀人物交朋友，天下的优秀人物就和天下的优秀人物交朋友。如果认为和天下的优秀人物交朋友还不够，便又上溯古代的优秀人物。吟咏他们的诗，读他们的书，不知道他们到底是什么人，可以吗？所以要研究他们所处的社会时代。这就是说要上溯历史与古人交朋友。"

【义理揭示】

本篇重点论述了交朋友的范围问题。如果朋友遍天下还嫌不足，那就可以上溯历史，与古人交朋友，而且要学会与他们所处的时代、社会交朋友。实际上，孟子的这段话对后世真正产生影响和作用的是"知人论世"的思想主张。它与"以意逆志"一样，成为了传统文学批评的重要方法，奠定了孟子在中国文学批评史上的重要地位。

五 素位而行，安分守己

【原文选读】

君子素其位①而行，不愿乎其外。素富贵，行乎富贵；素贫贱，行乎贫贱；素夷狄②，行乎夷狄；素患难，行乎患难。君子无入③而不自得焉。在上位，不陵④下；在下位，不援⑤上。正己而不求于人则无怨。上不怨天，下不尤⁶人。故君子居易⁷以俟命⁸，小人行险以侥幸。子曰："射⁹有似乎君子，失诸正鹄⑩，反求诸其身。"

（选自《礼记·中庸》）

注释：

①其位：安于现在所处的地位。素，平素，现在的意思，这里作动词用。

②夷：指东方的部族。狄：指西方的部族。这里指当时的少数民族。

③无入：无论处于什么情况下。入，处于。

④陵：同"凌"，欺侮。

⑤援：攀援，本指抓着东西往上爬，引申为投靠有势力的人往上爬。

⑥尤：抱怨。

⑦居易：居于平安的地位，也就是安居现状的意思。易，平安。

⑧俟（sì）命：等待天命。

⑨射：指射箭。

⑩正鹄（gǔ）：正、鹄均指箭靶子，画在布上的叫正，画在皮上的叫鹄。

【文意疏通】

君子安于现在所处的地位去做应该做的事，不生非分之想。处于富贵的地位，就做富贵人应该做的事；处于贫贱的状况，就做贫贱之人应该做的事；处于边远地区，就做在边远地区应该做的事；处于患难之中，就做在患难之中应该做的事。君子无论处于什么情况下都是安然自得的。处于上位，不欺侮在下位的人；处于下位，不攀附在上位的人。端正自己而不苛求别人，这样就不会有什么抱怨了。上不抱怨天，下不抱怨人。所以，君子安居现状来等待天命，小人却铤而走险企图获得非分的东西。孔子说："君子立身处世就像射箭一样，射不中，不怪靶子不正，只怪自己的箭术不行。"

【义理揭示】

上文中的"素位而行"近于《大学》里面所说的"知其所止",换句话说就是"安守本分",也就是人们常说的"安分守己"。这种安分守己是对现状的积极适应和处置,即你是什么角色,就做好什么事。正如台湾漫画家蔡志忠先生所说:"自己是什么就做什么,是西瓜就做西瓜,是冬瓜就做冬瓜。冬瓜不必羡慕西瓜,西瓜也不必嫉妒苹果……"然后才能游刃有余。我们只有不断积累和创造自己的价值,不怨天尤人,才能收到水到渠成的效果。

在交友的过程中,我们必须要懂得"凡有奢望,必生烦恼""上不怨天,下不尤人"的道理,更不要去妄想什么,只问自己该做什么,以及自己已经做到了怎样的程度。

六 与人不争

【原文选读】

上善若水。水善利万物而不争,处众人之所恶,故几①于道。居善地,心善渊,与善仁,言善信,政善治,事善能,动善时。夫唯不争,故无尤②。

(选自《道德经·上篇》)

江海所以能为百谷王③者,以其善下之,故能为百谷王。是以欲上民,必以言下之;欲先民,必以身后之。是以圣人处上而民不重④,处前而民不害。是以天下乐推而不厌。以其不争,故天下莫能与之争。

(选自《道德经·下篇》)

注释：

①几：接近。

②尤：过失。

③百谷王：谷是指两山之间（即峡谷）的河流，百谷王即指百川峡谷所归附的地方。

④重：累，这里指不堪重负。

【文意疏通】

最高的善就像水那样。水善于帮助万物而不与万物相争，它停留在众人所不喜欢的地方，所以最接近于道。上善的人居住要像水那样安于卑下，存心要像水那样深沉，交友要像水那样相亲，言语要像水那样真诚，为政要像水那样有条有理，办事要像水那样无所不能，行为要像水那样待机而动。正因为他像水那样与万物无争，所以他才没有烦恼。

江海之所以能够成为百川河流汇合的地方，乃是由于它善于处在低下的地方，所以能够成为百川之王。因此，圣人要领导人民，必须用言辞对人民表示谦下；要想领导人民，必须把自己的利益放在他们的后面。所以，有道的圣人虽然地位居于人民之上，而人民并不感到负担沉重；居于人民之前，而人民并不感到受害。因此天下的人民都乐意推戴而不感到厌倦。因为他不与人民相争，所以天下没有人能够和他相争。

【义理揭示】

本章讲的是老子"不争"的政治哲学。文章通过设喻，启发我们为人处世要做到"为下"和"不争"。上善之人,就应该像水那样处下和居后。水造福万物,滋养万物,却不与万物争高下,这才是谦虚的美德。水,因为"不争",所以"无尤"。"不争"就是"为无为",依据"道"来"为无为",这还需要"争"吗?现代社会所提倡的"公平竞争、优胜劣汰"究竟有多少合理性?说到底,我们"争"的东西又是什么呢?这是我们需要思考的问题。

只有像水那样去对待学习、师长、朋友、家人以及人生中的一切,才能做到既无内心的忧虑和烦恼,也无外界的忧愁和纷扰,这才是我们需要认真考虑的问题。

七 曲突徙薪

【原文选读】

客有过主人者,见其灶直突,傍有积薪。客谓主人,更为曲突①,远②徙其薪,不③者且有火患。主人嘿然④不应。俄而家果失火,邻里共救之,幸而得息⑤。于是杀牛置酒谢其邻人,灼烂者在于上行,余各以功次坐⑥,而不录言曲突者。人谓主人曰:"乡使听客之言,不费牛酒,终亡⑦火患;今论功而请宾,'曲突徙薪'亡恩泽,焦头烂额为上客耶?"主人乃寤⑧而请之。

(选自《汉书·霍光金日䃅传》)

注释:

① 曲突:使烟囱弯曲。突,烟囱。

② 远:使……远离。

③不：通"否"，否则。

④嘿（mò）然：不说话的样子。嘿，通"默"。

⑤息：通"熄"，灭。

⑥坐：通"座"，座位。

⑦亡：没有。

⑧寤：通"悟"，觉悟，认识。

【文意疏通】

有一个造访主人的客人，看到主人家炉灶的烟囱是直的，旁边堆积着柴草，便对主人说："改造为弯曲的烟囱，将柴草移到远处。不然的话，会有发生火灾的忧患。"主人沉默不答应。不久，家里果然失火，邻居们一同来救火，幸好把火扑灭了。于是，主人杀牛摆酒来感谢他的邻人。烧伤的人坐在上位，其他的按功劳大小依次排座，但是唯独没有邀请当初建议他改"曲突"的那个人。有人就对主人说："当初如果听了那位客人的话，就不用破费摆设酒席，最终也不会有火灾的忧患。现在论功劳邀请宾客，为什么建议'曲突徙薪'的人没有受到恩惠，而被烧伤的人却被奉为上宾呢？"主人这才醒悟过来，就去邀请那个人。

【义理揭示】

"曲突徙薪"的故事告诉我们：在生活中绝对不要忘记感谢那些曾经给你忠告或给你帮助的人，他们才是最值得你尊重的朋友。正如孔子所说的"友谅"，正是他们的意见和建议，才让我们免于更多的忧患。因此，在交往的过程中，我们要多交真诚的朋友，还要学会善待他人，更要认真考虑别人给你提出的意见，做到防患于未然。同时，我们还要把它作为日常交往中改进自我、克己安人的一种方式和自觉的习惯，这样，才能减少和挽回不必要的损失。

八 泽人网雁

【原文选读】

具区①之泽，白雁聚焉。夜必择栖，恐人弋②己也，设雁奴环巡之。人至则鸣，群雁藉是以瞑。泽人③熟其故，爇④火照之，雁奴戛然鸣，泽人遽沉⑤其火。群雁皆惊起，视之无物也。如斯者四三，群雁以奴绐⑥己，共啄之。未几，泽人执火前，雁奴⑦不敢鸣，群雁方寐，一网无遗者。

(选自《文宪集·燕书》)

注释：

①具区：古湖泊名，即太湖。

②弋（yì）：用带绳子的箭射鸟。

③泽人：住在湖边的人。泽，聚水的洼地。

④爇（ruò）：点燃。

⑤沉：此指熄灭。

⑥绐（dài）：通"诒"，欺骗，欺诈。

⑦雁奴：守夜的雁。

【文意疏通】

太湖的洼地，有很多白雁聚集在这里。夜晚它们必定会选择一个相对安全的地方栖息，唯恐人类用带绳子的箭射自己。于是，它们每天都选派一只值班的雁在四周巡逻。有人来了就大声鸣叫，群雁因此就可以闭眼睡觉。后来，湖边的人们都熟悉了它们的事情，就点着火光来照它们。值班的那只雁，突然鸣叫起来，湖边的人马上熄灭火光。群雁都惊醒了，看了看四周，并没有看到什么东西。如此这样三四次，群雁都认为值班的雁欺骗了自己，就一起去啄它。没过多久，湖边的人就拿着火把走上前，值班的雁也不敢再叫了，而群雁都没有防备，正在睡大觉，猎人们一网全捕了，没有一只遗漏的。

【义理揭示】

这则故事告诉我们：凡事都要仔细调查和研究，不能疏忽大意，更不能感情用事，凭主观臆断，妄加猜疑，否则就会自食其果。同样，在人与人交往的过程中，我们也要学会相互尊重和信任。面对别人善意的提醒与劝告，应该主动接受，绝不可妄自猜测，一意孤行，固执己见。殊不知，一味地按照自己的主观判断和想法盲目处世，听不见别人的意见，甚至是不相信别人，盲目地指责别人，这种极端的处世方式，对自己和他人都是没有好处的。

九 陈太丘与友期

【原文选读】

陈太丘[①]与友期行[②]，期日中[③]，过中不至，太丘舍去[④]，去后乃至。元方[⑤]时年七岁，门外戏。客问元方："尊君在不[⑥]？"答曰："待君久不至，已去。"友人便怒："非人哉！与人期行，相委而

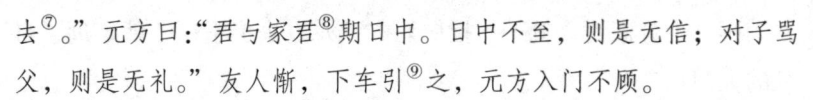

去⑦。"元方曰："君与家君⑧期日中。日中不至，则是无信；对子骂父，则是无礼。"友人惭，下车引⑨之，元方入门不顾。

（选自《世说新语·方正》）

注释：

①陈太丘：即陈寔（shí），字仲弓，东汉颍川许（现河南许昌）人，做过太丘县令。

②期行：相约同行。期，约定；行，出行。

③期日中：约定的时间是中午。日中，正午时分。

④舍去：不再等候就离开了。舍，丢下；去，离开。

⑤元方：即陈纪，字元方，陈寔的长子。

⑥尊君在不：你爸爸在吗？尊君，对别人父亲的一种尊称。不，通"否"，句末语气词，表询问。

⑦相委而去：丢下我走了。相委，丢下别人。相，副词，表示一方对另一方的行为；委，丢下，舍弃；而，连词，表修饰。

⑧家君：家父，谦辞，古代对人称自己的父亲。

⑨引：拉，这里是表示友好的动作。

【文意疏通】

陈太丘与一位朋友相约同行，约定的时间是在中午。中午已过，友人还没有到，太丘不再等候就离开了。太丘走后，友人才赶来。陈元方那年七岁，正在门外玩耍。友人就问元方："你爸爸在家吗？"元方答道："等您很久没来，他已经走了。"朋友生气地说："真不是人哪！和别人相约同行，却把别人丢下，自己独自离开了。"元方说："您跟我爸爸约好中午一起同行，过了中午您却没有赶到，这就是不讲信用；对着儿子骂他的父亲，这就是没有礼貌。"

友人感到十分惭愧，就下车拉住元方，元方头也不回，就走进了自家的大门。

【义理揭示】

本文讲的是"信"和"礼"，传递的是做事要讲诚信，为人要方正，有礼有节，否则就会失去朋友，失去友谊。作者既肯定了友人知错能改的正确态度，又通过小元方的言谈举止，让我们感受到他身上明礼又善言的品质，懂得要做一个坚持原则的人。文中陈太丘的行为，更让我们懂得，在人与人的交往中要做一个言而有信、交往以礼的人，才能更好地得到别人的礼待和尊重。

十 管宁割席

【原文选读】

管宁①、华歆②共园中锄菜，见地有片金，管挥锄与瓦石不异，歆捉③而掷去之。又尝同席读书，有乘轩冕④过门者，宁读如故，歆废书⑤出看⑥。宁割席⑦分坐，曰："子非吾友也。"

（选自《世说新语·德行》）

注释：

①管宁：字幼安，汉末魏人，不仕而终。

②华歆：字子鱼，东帝时任尚书令，入魏后官至司徒，封博平侯，依附曹操父子。

③捉：拿起，拾起。

④乘轩冕（miǎn）：指古代士大夫所乘的华贵车辆。轩，古代的一种有围棚的车；冕，古代地位在大夫以上的官戴的帽子，这里指高官、贵官。

⑤废书：放下书。废，停止。

⑥看：观看。

⑦割席：割开草席，分清界限，断绝关系。

【文意疏通】

管宁和华歆同在园中锄草，看见地上有一片黄金，管宁仍依旧挥动着锄头，与看到瓦片石头一样没有什么区别，华歆却高兴地拾起金片，然后又扔掉了它。曾经，他们坐在同一张席子上读书，有一个人坐着有围棚的车，穿着礼服，刚好从门前经过，管宁仍然像原来一样读书，华歆却放下手中的书走出去观看。管宁就割断席子和华歆分开坐，并对他说："你不再是我的朋友了。"

【义理揭示】

本篇通过管宁和华歆二人在"锄菜见金、见轩冕过门"时的不同表现，显示出二人德行的高下。"管宁割席"的故事传颂至今，人们一直把管宁作为不慕荣华、不贪金钱的典型加以颂扬。但管宁不能一分为二地看待自己的朋友，只采取绝交的态度，这也是不可取的。

管宁仅以这两件小事，就断定华歆对财富和官禄具有向往之心，也未免有些武断。不过，他很有定力，非"益友"不交，断然选择与华歆绝交。由此可见，在交友的过程中，我们不要被金钱和名誉所迷惑，要清醒地认识自己，更要严格要求自己，这样才能交到更好的朋友。

文化倾听

从一个人与什么样的朋友相处，就可以看出他的为人。同样，要了解一个人，你只要观察他的社交圈子，就可以看到他的价值取向。这就是我们经常说的"物以类聚，人以群分"。

人们常说："在家靠父母，出外靠朋友。"朋友在一个人的社会交往和活动中无疑是非常重要的。但是朋友也有好坏之分。良友益友可以给你带来很多帮助，恶友和佞友却会给你带来许多麻烦，甚至引你走上邪路。因此，我们在交往的时候，选择朋友就显得非常重要。

那么，什么样的朋友是好朋友？从以上的阅读中，我们或许可以找到自己的答案。

孔子非常看重朋友在一个人成长过程中的作用。他教育自己的学生要善交好的朋友，不要结交不好的朋友。但是，好人与坏人都不会写在脸上，我们怎样才能交到好朋友而远离坏朋友呢？从《论语》中我们不难发现，孔子认为有两个前提：一是意愿，二是能力。在孔子的思想体系中，前者叫作"仁"，后者叫作"知（智）"。孔子的学生樊迟曾经问过他的老师，什么是"仁"？老师只回答了两个字"爱人"，真正爱他人就是"仁"。樊迟又问，那什么叫"知（智）"？老师同样回答了两个字"知人"，了解他人就是有智慧。

儒家提倡以"与人为善"的态度进行友好交往。孔子在《论语》中虽然没有直接使用"与人为善"的字眼，但他强调以"忠恕"来处理"主体间性"的问题，这就意味着交往作为人与人之间的理解与沟通，首先是以对他人的关心、友好、和善为前提的。

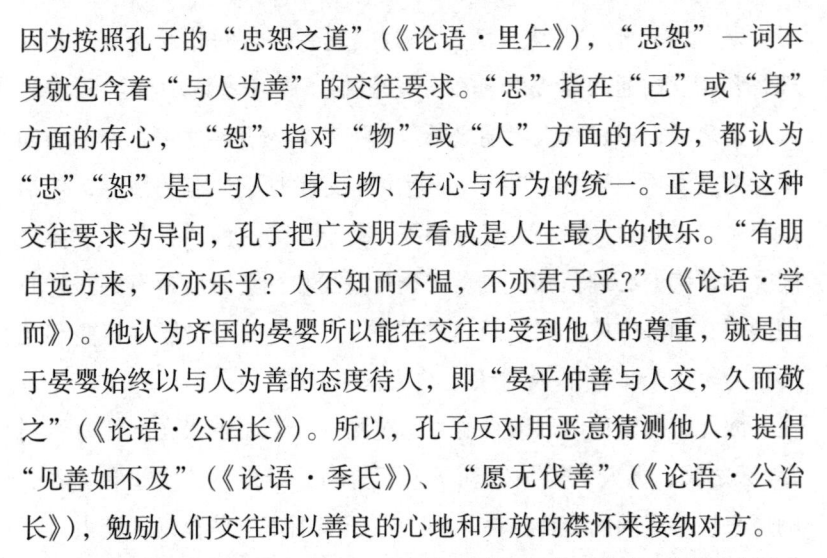

因为按照孔子的"忠恕之道"(《论语·里仁》),"忠恕"一词本身就包含着"与人为善"的交往要求。"忠"指在"己"或"身"方面的存心,"恕"指对"物"或"人"方面的行为,都认为"忠""恕"是己与人、身与物、存心与行为的统一。正是以这种交往要求为导向,孔子把广交朋友看成是人生最大的快乐。"有朋自远方来,不亦乐乎?人不知而不愠,不亦君子乎?"(《论语·学而》)。他认为齐国的晏婴所以能在交往中受到他人的尊重,就是由于晏婴始终以与人为善的态度待人,即"晏平仲善与人交,久而敬之"(《论语·公冶长》)。所以,孔子反对用恶意猜测他人,提倡"见善如不及"(《论语·季氏》)、"愿无伐善"(《论语·公冶长》),勉励人们交往时以善良的心地和开放的襟怀来接纳对方。

在人际交往的问题上,孟子或许比孔子更加清晰。他明确提出了"与人为善"的交往原则。《孟子·公孙丑上》说:"大舜有大焉,善与人同。舍己从人,乐取于人以为善。自耕稼、陶、渔,以至为帝,无非取于人者。取诸人以为善,是与人为善者也。故君子莫大乎与人为善。"这里的"善与人同"是指意向性认同,"乐取于人以为善"是指情感性认同,而"取诸人以为善"则是将意向性认同和情感性认同内化为友善的交往意识。孟子认为帝舜之所以能由凡入圣,是由于他始终以与人为善的态度善待对方,这就意味着与人为善既是实现主体间互相理解与沟通的前提,又是建立互相学习、互相认同和互相信任的良好交往氛围的先决条件。既然如此,那么,友好的人际交往就是善心与善心的交流与融通。也就是说,人只有怀着一颗善良友好的心进行交往,才能得到对方的同情、关怀和理解,从而产生思想共鸣,才能更好地处理好人际关系。

同孔子、孟子一样,荀子也主张友好交往。他虽然认为人性为

"恶",但他也把"与人为善"作为实现主体之间相互交流、相互理解和相互沟通的前提和基础。荀子在《修身篇》中说:"以善先人者谓之教,以善和人者谓之顺。以不善先人者谓之谄,以不善和人者谓之谀。"这里的"善"是指主体交往时所怀有的情感,包括良心、责任心、同情心、义务感等。荀子认为这种"善"是主体之间互相认同的心理基础,也是自我对他我和社会所应持有的一种心理倾向,如果主体之间缺乏这种"善",就会使交往发生扭曲和变形,乃至流于"谄"或"谀"的状态和形式。

因此,荀子反对以敌视的心态窥测他人,而主张在交往时做到"崇人之德,扬人之美"(《荀子·不苟》),以善良的愿望和宽容的胸怀来接纳不同的交往主体,即"君子能则宽容易直以开道人,不能则恭敬撙绌以畏事人"(《荀子·不苟》)。另外,荀子之所以把善意、宽容等情感因素作为人们进行友好交往的心理基础,是因为他已经观察到人的交往主体之间的感情,即所谓"善生养人者人亲之,善班治人者人安之,善显设人者人乐之,善藩饰人者人荣之";"不能生养人者,人不亲也;不能治人者,人不安也;不能显设人者,人不乐也;不能藩饰人者,人不荣也"(《荀子·君道》)。这些无不表明荀子从情感世界的关系认同了"与人为善"的必要性,强调了友好交往的重要性,因而使孔、孟所提倡的交往之道得到了进一步的充实和发展。

由此可知,先秦儒家在人际交往中对于精神价值的重视。他们的选择使我们懂得朋友之间的相处,不管是贫穷还是富有,也不管地位是高还是低,彼此之间能否真正做到孔子所说的"友直、友谅、友多闻",在这个基础上遵循与人为善的交往原则,这才是最重要的。

第二章 交友之道

文化传递

曾看到这样一则报道,说某个参与杀人的罪犯被判了死刑,他却无所谓,认为朋友相互帮助并没有错,为此,他一点也不感到后悔。因此,有个问题就值得一谈,即在当今社会中,我们应该怎样看待对朋友的帮助呢?

"一个篱笆三个桩,一个好汉三个帮。"这句俗语说明,一个人要成就一番事业,除了自己的努力以外,往往还需要别人的一些帮助。彪炳历史的杰出人物是这样,默默无闻的普通人也不例外。著名的文学大师巴金说过:"友情在我过去的生活里就像一盏明灯,照彻了我的灵魂,使我的生存有了一点点光彩。"可见,朋友的作用和影响是十分重要的。

交友要注重对方的人品,而不是看他的地位或财富如何;交友重要的是交心,而不能只是吃吃喝喝,更不是相互算计;交友要建立在共同的理想之上,而不应以自我的利害为目的;交友要尊重对方、理解对方,而不能强人所难,更不能算计别人。

应该说,多数人是这样做的,但也有少数人他们交友从功利出发,只交上不交下,只交富不交贫,只为己不为人。还有的人对朋友只讲交情不讲原则,置国家利益于不顾。特别是一些涉世未深的年轻人,交友容易陷入哥们儿义气,比较容易陷入"一旦成知交,法律脑后抛"的境地。对于朋友的要求,不问是非曲直,不管后果如何,一律"拔刀相助",结果自己做了蠢事、错事,甚至是受到法律的制裁。

不错，是朋友就要讲情义，就要互相帮助。但什么是"帮"呢？这就需要我们作出合理判断和理性分析。"帮"，并不等于无条件、无原则地答应朋友所提出的一切要求，不一定都要为朋友"两肋插刀"，而是要看朋友提出的要求是否合理可行。合理可行的当然要答应，违法或错误的则不仅不能答应，还必须采取说服规劝的方式，使朋友避免做出不该做的事，这也是另一种形式的"帮"，而且是更高层次、更难能可贵、更有意义的"帮"。

历史上有关"诤友"的故事很多，而且都体现出这种"帮"的思想内涵，现实中也不乏其例。季羡林先生在回忆与著名诗人臧克家的文章中写道：在半个多世纪里，两人交情莫逆，非同寻常，但没有一点功利的目的。有一次，臧克家托季羡林（时任北大副校长）给女儿苏伊换个工作，季老答应了，便叫苏伊来考试，考的竟是《大唐西域记》，苏伊是个中学生，只好知难而退。臧克家知道后并没有因此心生记恨，而是一如既往地与季老唱酬往返。当季老从北大副校长任上退休以后，臧克家还特意写信致意，为老友有更多的时间用于钻研学术而感到高兴。

由此可见，季羡林和臧克家几十年的交情是非常深厚的，他们相互敬佩，相互关怀，但遇到原则问题，一位是按章办事，毫不含糊；另一位则是善于理解、尊重对方的做法，两人都表现出很高的思想境界，堪称"君子之交"的典范。

构建和谐社会，每个人都有责任和义务，而人的和谐是一切和谐的核心要素。因此，我们要正确处理好人与人之间的关系，其中交友就是重要的一环，即交什么样的朋友，如何交朋友，怎样处理好"帮"与"不帮"之间的关系等，这些问题我们都要认真地对待。

文化感悟

1. 结合以上选文中所提到的内容,请将"交友之道在于_____"横线上的词语补充完整,并认真领会其所要表达的含义。

2. 随着时代的发展,交友之道的内涵也在不断地变化,今天我们应该追求和遵守怎样的交友之道呢?请举例说明。

3. 品读了以上"文化典籍"后,对于"交友即交心"这一说法,你又有哪些新的体验与思考?

第三章 处世之道

文化典籍

一 吾道一以贯之

【原文选读】

子曰:"参乎,吾道一以贯之①。"曾子曰:"唯②。"子出,门人问曰:"何谓也?"曾子曰:"夫子之道,忠恕③而已矣。"

(选自《论语·里仁》)

注释:

①一以贯之:"以一贯之"的倒装。贯,串,贯通。
②唯:是,对。
③忠恕:忠诚,宽容。

【文意疏通】

孔子说:"曾参啊,我讲的道是由一个基本的思想贯彻始终的。"曾子说:"是的,我懂了。"孔子出去之后,有门人便问曾子:"老师说的话是什么意思啊?"曾子说:"老师的道,大概就是忠恕罢了。"

【义理揭示】

本文中的"忠恕"是孔子待人的基本原则,是一个问题的两个方面,因此孔子说是"一"以贯之。"忠"是孔子在《雍也》篇中所说:"己欲立而立人,己欲达而达人。""恕"是孔子在《卫灵公》篇中回答子贡"有一言而可以终身行之者乎?"这个问题时所说:"其恕乎!己所不欲,勿施于人。""忠恕之道"就是人们常说的将心比心,推己及人。

这段对话把孔子"仁"的思想归纳为"一以贯之"的"忠恕之道",其意义非常深远,不仅指明了人类社会中人与人相处要遵循的基本道德准则,而且对于促进社会发展具有重要的意义。

二 君子务本

【原文选读】

有子①曰:"其为人也孝弟②,而好犯上③者,鲜④矣;不好犯上,而好作乱者,未之有也⑤。君子务本,本立而道⑥生。孝弟也者,其为仁之本⑦与?"

(选自《论语·学而》)

注释:

①有子:孔子的学生,姓有,名若。

②孝弟:孝,奴隶社会时期所认为的子女对待父母的正确态度;弟,通

"悌",即弟弟对待兄长的正确态度;孝、弟是孔子和儒家特别提倡的两个基本道德规范。

③犯上:犯,冒犯;上,指在上位的人。

④鲜(xiǎn):少。

⑤未之有也:此为"未有之也"的倒装句。古代汉语中否定句的宾语若为代词,一般置于动词之前。

⑥道:指孔子提倡的仁道,即以仁为核心的整个道德思想体系及其在实际生活中的体现,这里指治国做人的基本原则。

⑦为仁之本:仁是孔子哲学思想的最高范畴,又是伦理道德准则。为仁之本,即以孝悌作为仁的根本。

【文意疏通】

有子说:"孝顺父母、顺从兄长,而喜好触犯上层统治者,这样的人是很少见的。不喜好触犯上层统治者,而喜好造反的人是没有的。君子专心致力于根本的事务,根本建立了,治国做人的原则也就有了。孝顺父母、顺从兄长,这难道不是仁的根本吗?"

【义理揭示】

本文中的有若认为,人们如果能够在家中对父母尽孝,对兄长顺从,那么他在外就可以对国家尽忠。因为忠是以孝悌为前提,孝悌是以忠为目的。"孝悌"即"为仁"的根本,为人孝悌就不会发生犯上作乱之事。

春秋战国以后的历代封建统治者和文人,无不继承了孔子的"孝悌说",他们主张"以孝治天下",汉代即是明证。孝悌与社会的安定有直接关系,他们把道德教化作为实行封建统治的重要手段,把老百姓禁锢在纲常名教、伦理道德的桎梏之中,对民众的道德观念、道德行为和中国传统文化都产生了深刻的影响。

三 行己有六本

【原文选读】

孔子曰:"行己①有六本②焉,然后为君子也。立身有义矣,而孝为本;丧纪有礼矣,而哀为本;战阵有列矣,而勇为本;治政有理矣,而农为本;居国有道矣,而嗣③为本;生财有时矣,而力为本。置本不固,无务农桑;亲戚不悦,无务外交;事不终始,无务多业;记闻而言,无务多说;比近不安,无务求远。是故反本修迩④,君子之道也。"

(选自《孔子家语·六本》)

注释:

①行己:立身处世。
②本:根本。
③嗣:子孙,这里指选定继位之君。
④反本修迩:返回到事物的根本,从近处做起。修迩,整顿内务。

【文意疏通】

孔子说:"立身处世有六个根本,然后才能成为君子。立身有仁义,孝道是根本;举办丧事有礼节,哀痛是根本;交战布阵有行列,勇敢是根本;治理国家有条理,农业是根本;掌管天下有原则,选定继位人是根本;创造财富有时机,肯下力气是根本。根本不巩固，就不能很好地从事农桑；不能让亲戚高兴，就不要进行人事交往；办事不能有始有终，就不要经营多种产业；道听途说的话，就不要多说；不能让近处安定，就不要去安定远方。因此，返回到事物的根本，从近处做起，是君子应该遵循的途径。"

【义理揭示】

孔子的"君子务本，本立而道生"（《学而》），说的就是为人处世只要懂得根本，自然就符合道德，与道相应，也与圣贤相近。因此，孔子又说："反本修迹，君子之道也。"《大学》云："物有本末，事有终始，知所先后，则近道矣。"凡事都有根本，只有抓其根本，才能与道相应。若本末倒置，那么事情就不容易办成，也容易偏失本意。诸如丧礼，以哀为本；生财有时，则以力为本。故知勤劳才是根本，只有这样得来的财，才是正财，人的内心才会安稳和安定。

本篇主要强调的是"务本"的道理，旨在引导初学者进入道德之门。实际上，君子致力于实现忠恕、孝悌、宽恭等诸多道德规范的必要性和方法，其实都是"本"。返回到事物的根本，明白本末的道理，不仅事情可以做得圆满顺利，于自身也能提升道德修养，这是君子应该遵循的途径。

四 生于忧患，死于安乐

【原文选读】

舜发于畎亩①之中，傅说②举于版筑③之间，胶鬲④举于鱼盐之

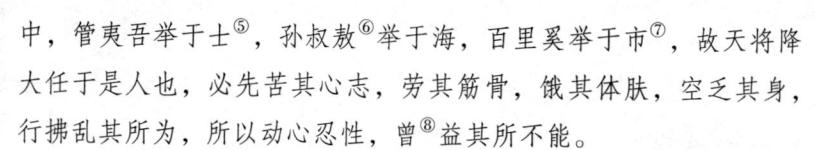

中，管夷吾举于士⑤，孙叔敖⑥举于海，百里奚举于市⑦，故天将降大任于是人也，必先苦其心志，劳其筋骨，饿其体肤，空乏其身，行拂乱其所为，所以动心忍性，曾⑧益其所不能。

人恒过然后能改，困于心衡⑨于虑而后作，征⑩于色发于声而后喻。入则无法家拂士⑪，出则无敌国外患者，国恒亡，然后知生于忧患而死于安乐也。

（选自《孟子·告子下》）

注释：

①畎（quǎn）亩：田间，田地。

②傅说：殷武丁时人，曾为刑徒，在傅岩筑墙，后被武丁发现，举用为相。

③版筑：一种筑墙的工作，在两块夹板中，填入泥土夯实。

④胶鬲：殷纣王时人，曾以贩卖鱼、盐为生，周文王把他举荐给纣，后辅佐周武王。

⑤士：此处指狱囚管理者。当年齐桓公和公子纠争夺君位，公子纠失败后，管仲随他一起逃到鲁国，齐桓公知道他贤能，所以要求鲁君杀死公子纠，而把管仲押回自己处理。鲁君于是派狱囚管理者押管仲回国，结果齐桓公任命管仲为宰相。

⑥孙叔敖：春秋时楚国的隐士，隐居海边，被楚王发现后任为令尹（宰相）。

⑦百里奚举于市：春秋时的贤人百里奚，流落在楚国，秦穆公用五张羊皮的价格把他买回，任为宰相，所以说"举于市"。

⑧曾：通"增"，和益是同义词，用来强调"增加"的意思。

⑨衡：通"横"，指梗塞。

⑩征：表征，表现。

⑪法家拂士：法家，有法度的大臣。拂士，即辅佐君主的贤士。拂，通

"弼"，辅佐。

【文意疏通】

舜从田间劳动中成长起来，傅说从筑墙的劳作中被选拔出来，胶鬲被选拔于鱼盐的买卖之中，管仲从狱官手里救出来并受到任用，孙叔敖从海边被发现并起用，百里奚从奴隶市场上被选拔。所以，上天将要把重大使命降落到某个人身上，一定要先使他的意志受到磨炼，使他的筋骨受到劳累，使他的身体忍饥挨饿，空虚乏力，使他的每一行动都不如意，这样来激励他的心志，坚韧他的性情，增长他的才能。人总是要经常犯错误，然后才能改正错误；心意困苦，思虑阻塞，然后才能奋发而起；显露在脸色上，表达在言语中，然后才能被人了解。一个国家，内没有守法的大臣和辅佐的贤士，外没有敌对国家的忧患，往往容易亡国。由此可以知道，忧患使人生存，安逸享乐却足以使人灭亡。

【义理揭示】

《史记·太史公自序》有言："周文王被拘羑里而演《周易》，孔子困陈蔡而编《春秋》，屈原遭流放而赋《离骚》，左丘明失明而写《国语》，孙膑脚残而著《兵法》，吕不韦迁蜀地而出《吕览》……大多都是发愤所作。"他们身处逆境的忧患之中，仍具有强烈的忧患意识，奋发而起，勇往直前，最终战胜困难，走出逆境。至于死于安乐者，历代昏庸之君，荒淫逸乐而身死国亡，更是不胜枚举。因此，对人的一生来说，身处逆境和遭遇忧患都是不能回避的，也不一定是坏事。生命说到底也是一种体验，人生如果没有经历什么忧患与痛苦，没有什么特别的生命体验，这样的人生又有什么价值呢?

五 田子方侍坐

【原文选读】

田子方①侍坐于魏文侯②,数称谿工③。文侯曰:"谿工,子之师邪?"子方曰:"非也,无择之里人④也;称道⑤数当⑥,故无择称之。"文侯曰:"然则无师邪?"子方曰:"有。"曰:"子之师谁邪?"子方曰:"东郭顺子⑦。"文侯曰:"然则夫子何故未尝称之?"子方曰:"其为人也真,人貌而天虚⑧,缘⑨而葆真⑩,清而容物⑪。物无道⑫,正容⑬以悟之⑭,使人之意也消。无择何足以称之?"

子方出,文侯傥然⑮,终日不言。召前立臣而语之曰:"远矣,全德之君子!始吾以圣知之言、仁义之行为至矣。吾闻子方之师,吾形解而不欲动,口钳⑯而不欲言。吾所学者,直⑰土梗⑱耳,夫魏真为我累耳!"

(选自《庄子·田子方》,有删改)

注释:

①田子方:姓田,字子方,名无择,魏文侯之师,魏之贤者。
②魏文侯:名斯,战国初年魏国君主。
③谿工:人名,魏之贤者。
④里人:同乡之人。
⑤称道:讲说大道。
⑥数当:常常恰当,合乎道理。
⑦东郭顺子:魏之得道真人。东郭为其住地,以往地为号;顺为其名,顺

子是尊称。

⑧天虚：心像天一样空虚。

⑨缘：顺，随顺物性。

⑩葆真：保持真性不失。

⑪清而容物：心性高洁而又能容物。

⑫物无道：人与事不合于道。

⑬正容：端正己之仪态。

⑭悟之：使人自悟其失而改之，不加辞色。

⑮傥（tǎng）然：若有所失的样子。

⑯口钳：口像被钳住一样，这里指懒于开口讲话。钳，钳住。

⑰直：只是，仅仅是。

⑱土梗：用土木做成的偶像，这里指没有生命之物。

【文意疏通】

田子方陪坐在魏文侯身旁，多次称赞豁工。文侯说："豁工，是你的老师吗？"田子方说："不是老师，是我的邻里；他的言论谈吐总是十分中肯恰当，所以我称赞他。"文侯说："那你没有老师吗？"子方说："有。"文侯说："那你的老师是谁呢？"田子方说："东郭顺子。"文侯说："那么先生为什么不曾称赞过他呢？"田子方回答："他的为人十分真朴，相貌跟普通人一样而内心却合于自然，顺应外在事物而且能保持固有的性情，心境清虚宁寂而且能包容外物。外界事物不能合符'道'，便严肃指出使之醒悟，从而使人的邪恶之念自然消除。我做学生的能够用什么言辞去称赞老师呢？"

田子方走了出来，魏文侯若有所失地整天不说话，就召来在跟前侍立的近臣对他们说："实在是深不可测呀，德行完备的君子！起初我总认为圣智的言论和仁义的品行算是最为高尚的了，如今我听说了田子方老师的情况，我真是身形怠惰而不知道该做什么，嘴巴像被钳住一样而不能说些什么。我过去所学到的不过都是些泥塑偶像似的毫无真实价值的东西，至于魏国也只是我的拖累罢了！"

【义理揭示】

本篇主要通过田子方与魏文侯的对话，极力称赞东郭顺子处处求"真"的处世态度。田子方、段干木等都出于子夏之门，均为孔子的再传弟子，《史记》《淮南子》《说苑》等史书都记载了魏文侯拜田子方、段干木为师的事例。

据记载，有一次，魏文侯与田子方饮酒，席间乐人奏钟乐，他听出钟声不协调，指出左边音高。田子方因此批评他不该将心思和才智用于音乐，而应当专心致力于治理国家，并严肃地指出："君今审于声，臣恐君之聋于官也。"魏文侯虚心地接受了田子方的批评。魏文侯之子也常受教于田子方，曾将田子方所说的富贵者不能骄人的话告诉了魏文侯，魏文侯感叹地说，如果不是因为你，我哪里能听到这样的贤者之言。可见，求"真"的处世之道也得益于能否虚心接受别人的批评。

六 齐家先修身

【原文选读】

所谓齐其家在修其身者，人之①其所亲爱而辟②焉，之其所贱恶而辟焉，之其所畏敬而辟焉，之其所哀矜③而辟焉，之其所敖④惰⑤而辟焉。故好而知其恶，恶而知其美者，天下鲜矣！故谚有之曰："人莫知其子之恶，莫知其苗之硕⑥。"此谓身不修不可以齐其家。

(选自《礼记·大学》)

注释：

①之：即"于"，对于。

②辟：偏颇，偏向。

③哀矜：同情，怜悯。

④敖：骄横。

⑤惰：怠慢。

⑥硕：大，肥壮。

【文意疏通】

我之所以说管理好家庭和家族要先修养自身，是因为人们对于自己亲爱的人会有偏爱，对于自己厌恶的人会有偏恨，对于自己敬畏的人会有偏向，对于自己同情的人会有偏心，对于自己轻视的人会有偏见。因此，很少有人能喜爱某人又能看到那个人的缺点，厌恶某人又能看到那个人的优点。所以有谚语说："人都不知道自己孩子的坏，人都不满足自己庄稼的好。"说的就是，如果不修养自身，就不能管理好家庭和家族的道理。

【义理揭示】

本文中庄子所言修养自身的关键是克服感情上的偏私，正己然后正人。如果不排除偏私之见，修身正己以正人，就不能管理好你所拥有的一切。在此之前的格物、致知、诚意、正心都在个体自身进行，在此之后的齐家、治国、平天下，开始处理人与人之间的关系，从家庭走向社会，从独善其身转向兼善天下。

从另一方面来看，本篇又反复强调以身作则，要求"君子有诸己而后求诸人，无诸己而后非诸人"，既是对"欲治其国者"的告诫，也是对儒学"恕道"原则的阐发，对于我们立身处世、待人接物都有一定的借鉴意义。

七 工之侨献琴

【原文选读】

工之侨①得良桐②焉，斫③而为琴，弦而鼓④之，金声而玉应⑤。自以为天下之美⑥也，献之太常⑦。使⑧国工⑨视之，曰："弗⑩古。"还之。

工之侨以归，谋⑪诸⑫漆工，作断纹焉；又谋诸篆工⑬，作古窾⑭焉。匣⑮而埋诸土，期年⑯出之，抱以适⑰市。贵人过而见之，易之以百金，献诸朝。乐官传视，皆曰："希⑱世之珍也。"

工之侨闻之，叹曰："悲哉世也！岂独一琴哉？莫不然矣！而不早图之，其与亡矣。"遂去，入于宕冥之山，不知其所终。

(选自《乐律全书》)

注释：

①工之侨：名字叫作侨的技艺工人，是虚构的人物。

②良桐：上等桐木，即梧桐，青桐，木质理疏而坚，是制作古琴的好材料。桐，桐木，制作古琴的材料。

③斫（zhuó）：砍削。

④弦而鼓：弦、鼓，都是名词作动词。弦，装上弦；鼓，弹奏古琴。

⑤金声而玉应：发声和应声如金玉碰撞的声音。

⑥美：美琴，形容词作名词。

⑦太常：太常寺，祭祀礼乐的官署。

⑧使：让。

⑨国工：最优秀的工匠，这里指乐师。

⑩弗：不。

⑪谋：谋划。

⑫诸：兼词，之于。

⑬篆工：刻字的工匠。刻字多用篆体字。

⑭古窾（kuǎn）：古代的款式。窾，通"款"，款式。

⑮匣：装在匣子里。

⑯期（jī）年：第二年，满一年。

⑰适：到……去。

⑱希：通"稀"，稀世，世上少有。

【文意疏通】

工之侨得到了一块上好的桐木，砍来做成了一把琴，装上琴弦弹奏起来，发声和应声如金玉之声。他自己认为这是天下最好的琴，就把琴呈献给太常寺的主管人。主管人让优秀的乐师来看，乐师说："这个琴不是古琴。"于是便把琴退了回来。

工之侨拿着琴回到家，跟漆匠商量，把琴身画上残断不齐的花纹。又跟刻工商量，在琴上雕刻古代的款式，把它装在匣子埋在泥土中。过了一年挖出来，抱着它到集市上。有个达官贵人路过集市看到了琴，就用一百两黄金买了它，把它献到朝廷上。乐官们传递着观赏它，都说："这琴真是世上少有的珍品啊。"

工之侨听到这件事情后，感叹道："这个社会真可悲啊！难道仅仅是一把琴吗？不是这样的啊！世上的事情没有不是这样的。如果不早做打算，就要和这国家一同灭亡了啊！"于是离去，进入了宕冥附近的山，也不知道他最终要去哪儿了。

【义理揭示】

在现实生活中，我们应学会变通地适应环境，只有这样，才能具备生存的基本条件。然而，准确判定一个事物的好坏，应该从本质上进行鉴定，而不是从浮华的外表来下结论。只有本质上是好的东西，才能满足我们的需求，否则，再华丽的外表也只能作为摆设，起不到任何作用。

本篇表面上是写"琴"的遭遇，实际则是写人的遭遇和处境。作者借写工之侨两次献琴的不同遭遇，揭露了社会上评价、判断事物优劣仅凭外表，而非依据内在品质的现象，讽刺了元末时期，那些缺乏见识、不重视真才实学而只重视虚名的虚伪之人，真实地告诫人们切不可被表象所迷惑、蒙蔽。

八 刘宽仁恕

【原文选读】

刘宽，字文饶，弘农华阴人也。……宽尝行，有人失牛者，乃就宽车中认之。宽无所言，下驾[1]步归。有顷，认者得牛而送还，叩头谢曰："惭负长者，随所刑罪。"宽曰："物有相类，事容脱误[2]，幸劳见归[3]，何为谢之？"州里服其不校[4]。

……

宽简略嗜酒，不好盥浴，京师以为谚。尝坐客，遣苍头市酒，迂久，大醉而还。客不堪之，骂曰："畜产。"宽须臾遣人视奴，疑必自杀。顾左右曰："此人也，骂言畜产，辱孰甚焉！故吾惧其死也。"夫人欲试宽令恚⑤，伺当朝会，装严已讫，使侍婢奉肉羹，翻污朝衣。婢遽收之，宽神色不异，乃徐言⑥曰："羹烂汝手？"其性度如此。海内称为长者。

(选自《后汉书·刘宽传》)

注释：

①驾：用牲口拉车的车，这里指牛车。

②脱误：脱漏，错误。

③见归：还给我。见，用在动词的前面表动作偏指一方，这里指我。

④校（jiào）：计较，考虑。

⑤令恚（huì）：让刘宽发怒。恚，恨，怒。

⑥徐言：慢慢地问。

【文意疏通】

刘宽，字文饶，弘农郡华阴县人。……刘宽曾经乘牛车出行，有一个丢失了牛的人，指认刘宽驾车所用的牛，就是他丢失的牛。刘宽并没有说什么，卸下牛就交给他，自己步行回来。过了一会儿，指认的人找到了丢失的牛后，就将刘宽的牛送回来，并叩头谢罪说："我对不起您这样的长者，任您怎么样处罚。"刘宽说："事物有相似之处，事情也允许有错误，劳累你来把牛还给我，为什么还要道歉呢？"州里的人都很钦佩他的不计较。

……

刘宽性格宽厚，喜欢饮酒，不喜欢洗澡，京城人都把这作为笑谈。他曾经招待客人，派仆人去买酒。隔了好久，仆人醉醺醺地回来了。客人忍不住地骂他："畜生。"刘宽立刻派人去探视这个仆人，怀疑他一定会自杀。并对身边的人说："他是个人啊，骂他是畜生，还有什么样的污辱比这更厉害呢？所以我害怕他会去死。"夫人想试一试让刘宽发怒，等到他准备上朝，已经穿好官服的时候，就让侍女送上肉汤，故意打翻肉汤玷污了他的官服。侍女匆忙收拾，刘宽神情不变，而是缓缓地走过去对侍女说："汤烫伤你的手了吗？"他的性情气度就是这样。国内的人都称他是忠厚的长者。

【义理揭示】

从主人公刘宽的身上，我们能深切地感受到，他有一种容忍和宽恕的精神品质，表现在为人仁慈宽厚，与人、与世都不争，不逆人意，与人为善，尤其是他的雅量可谓不小，有礼也要让三分。他的这种仁恕美德感化了别人，赢得了人心，成就了自己"长者"的形象。

在现实生活中，当我们遇到不如意的事情时，不要只是一味地抱怨，不妨学会以宽容之心、仁慈之心来对待它，并且要用孔子所说的"忠恕之道"一以贯之。

九 王安石待客

【原文选读】

王荆公在相位，子妇之亲①萧氏子至京师，因谒公，公约之饭。翌日，萧氏子盛服而往，意为公必盛馔②。日过午，觉饥甚而不敢去。又久之，方命坐，果蔬皆不具，其人既心怪③之。酒三行④，初供胡饼两枚，次供猪脔⑤数四，顷即供饭，旁置菜羹而已。萧氏子颇骄纵⑥，不复下箸，惟啖⑦胡饼中间少许，留其四傍，公取顾自食之。其人愧⑧甚而退。

(选自《临川集拾遗》，有删改)

注释：

①子妇之亲：儿媳妇家的亲戚。

②馔（zhuàn）：准备食物。

③怪：感到……奇怪。

④酒三行：指喝了几杯酒。给客人斟一次酒，为"一行"。

⑤脔（luán）：切成小块的肉。

⑥纵：惯养。

⑦啖（dàn）：吃。

⑧愧：感到……羞愧。

【文意疏通】

王安石在担任宰相的时候，儿媳妇家的亲戚萧氏的儿子来到京城，于是去拜见王安石，王安石请他一起吃饭。第二天，萧氏的儿子穿着华丽的衣服前往，以为王安石一定会准备好丰盛的食物来款待他。过了中午，萧氏的儿子觉得十分饥饿，但又不敢离开。又过了很久，王安石才让他坐下。果品蔬菜类的菜肴都没有准备，萧氏的儿子心里对王安石的做法感到非常奇怪。他们喝了几杯酒，先上了两块胡饼，再上了四份切成块的肉。一会儿就上饭了，一旁还放置着菜汤罢了。萧氏的儿子很骄傲放纵，不再动筷子，只吃了胡饼中间的小部分，把四边都留下，王安石就把它拿过来自己吃了。萧氏的儿子觉得十分羞愧，就回去了。

【义理揭示】

王安石贵为宰相,仍艰苦朴素,勤俭持家,不铺张浪费,不以权谋私。"胡饼两枚""猪脔数四"和"菜羹"即是王安石的待客之道,尤其是文中他把客人吃剩的"四旁"胡饼而"自食之"的情节,更能说明这一点,他的所作所为与萧氏子的骄纵形成了鲜明的对比。

文中的萧氏子虽然看上去人品不坏,但似乎是一个嫌贫爱富、阿谀奉承的骄纵之人,对此,王安石以自己的言行,委婉地讽刺了那些图名求利的人。即使对方是自己的亲戚,也不失为人处世的原则,并对他的骄纵行为嗤之以鼻。

十 刘凝之①处世

【原文选读】

刘凝之为②人认所著履③,即予之。此人后得所失履,送还,不肯复取。又沈麟士亦为邻人认所著履,麟士笑曰:"是卿④履耶?"即予之。邻人得所失履,送还,麟士曰:"非卿履耶?"笑而受之。此虽小事,然处世当如麟士,不当如凝之也。

(选自《东坡志林》,有删改)

注释:

①刘凝之:名涣,宋筠州(今江西高安)人。

②为:被。

③所著履：穿的鞋。

④卿：你。

【文意疏通】

刘凝之被人指认说自己穿的鞋是某人的，就把自己的鞋子给了他。那人后来找到了丢失的鞋子，就把刘凝之的鞋子送了回来，刘凝之就不肯要了。沈麟士也被邻居指认说自己穿的鞋子是邻居的，沈麟士笑着说："是你的鞋。"然后就给他了，邻居后来找到了丢失的鞋子，就把沈麟士的鞋子送回来，沈麟士说："不是你的鞋吗？"沈麟士看了看，笑着就收下了。这虽然是小事，但是处世应当像沈麟士那样，不应当学刘凝之。

【义理揭示】

古语曰："得饶人处且饶人"，"人非圣贤，孰能无过"。又曰："和以处众，宽以接下，恕以待人"，这些都是谦谦君子的风范。

文中通过刘凝之与沈麟士两人的态度和境界的对比，苏轼提出了为人处世要像沈麟士学习，因为相比起来，他更加懂得怎样宽容和包容他人。刘凝之面对别人的指责，更多的是不计较、不争论，从侧面体现出他为人刚直，不善逢迎的一面。看如今市井内外之人，别说是沈麟士，能比得上刘凝之的人，也是不多见的。

文化倾听

我们每个人都希望生活在友好、愉快、轻松的氛围中，都希望自己的周围充满善良、宽容和温馨……如何让这种希望成为现实，需要我们每个人学会以友善的态度与他人相处，用诚挚的内心，包容的态度去对待他人，共同营造出一个轻松、愉悦的生存环境和文化氛围。

人非圣贤，孰能无过。人与人的相处，有时候好比照镜子，你对着镜子笑，镜子就会对着你笑；你对着镜子哭，镜子也会对着你哭。如果你想要别人给予你微笑、肯定及赞赏，就应该先用你的微笑去感化他人，用你的行动去感召他人。人与人的相处是生活之本，只有学会了与人相处，你的生活才会更加绚丽多彩，你的人生才会更加与众不同。

孔子对弟子们说："吾道一以贯之。"说完之后就走了，留下弟子们一头雾水地愣在那里。唯独曾子能明白其中的意思，并且深以为然。其他的弟子就问曾子，老师的话是何意？曾子回答道："夫子之道，忠恕而已矣。"

上文中的这个故事明确地告诉我们：孔子为人处世最基本的原则，就是"忠恕"二字。如何理解呢？简单地说就是"己所不欲，勿施于人"。这句话后来被18世纪法国启蒙运动的思想领袖伏尔泰奉为"圭臬"，他认为孔子的话正是其思想启蒙的主旨所在。

以孔子为代表的儒家思想，向来以"中正平和"著称。上文中的"己所不欲，勿施于人"也是如此。自己不愿意接受的，就不要推到别人的身上，这是一种典型的"推己及人"的思想。虽说以己度人并非是一种完全正确的思维方式，但是通常自己不愿意接受的，又有多少人会接受你的观点呢？这是一种对于自我行为的原则性的约束，也是为人处世应该遵守的最基本原则。

而孟子的"穷则独善其身，达则兼济天下"，则强调人自身的社会性和个人的责任感与坚持的重要性。这是一种积极进取的人生观，归结到立身处世上，表现为一个君子极高的入世热情和以天下为己任的崇高社会责任感和历史使命感。这也是儒家思想流传千百年来，对于整个中国传统思想和文化最积极、最深远的影响所在，至今仍融入在中国人的基本人格之中。

与之相比，"闻过则喜"这句话最早出现，是在论语中被孔子用来表扬自己的杰出弟子，即七十二贤人之一的子路。它的意思是听到别人批评自己的缺点或错误，表示欢迎和高兴。而这种可贵的精神，正是孔子想要自己的弟子认真学习、努力践行，并且自己也一直如此为之的处世原则。《孟子·公孙丑上》："子路人告之以有过则喜。"这句话告诉人们，对于别人的批评和指责，都要虚心接受意见，对于自己不清楚、不明白的东西，则更是要虚心求教。这样的品质，直至今天看来，都是实用而且非常必要的。

我们都知道，没有哪一个人喜欢听到别人对自己的批评和指责。人的天性表明，人本来就是"利己排他"的动物，这是人性中自然就带有的一部分特性。所以，对于任何一个人来说，"闻过则喜"都属于很高尚、很难得的品质。对于别人的批评，不但能虚心接受，而且还能发自内心地表现出一种高兴、愉悦的态度和情感，这是很难得的。

"闻过则喜"的品德正是体现了儒家对于自身思想的纯粹性、人格完美的无尽追求，也体现了其"中正平和"的为人处世观念。儒家思想以"中正平和"为主线，虽然看似中庸，实际上，"中庸之道"是最接近事物发展的客观规律的"道"。这种"道"，并非迂腐固执。它可以推及到现世人生，可以推及到万世之理想。它是一种伟大的"道"，即"儒道"，就是儒家的行为典范。这也是作为儒家创始人的孔子在其为人处世中集中表现出来的思想情操和道德情操。

第三章 处世之道

文化传递

作为在中国流传千古，为后世所敬仰的圣人，孔子有自己独特的处世之道。即便是孔子的思想，在当时的社会环境下也没有得到足够重视，但是，他独立不迁的处世原则，确实值得我们学习和思考。下面列举了我们在为人处世中可能会遇到的几种情况，并分别阐述了"处世之道"的思想内涵，有助于我们思考和解决"怎样才能更好地与人相处"这一问题。

错　　误

古龙小说中常有这样的对白：只有死人才不犯错误。

很对。

人只要活着，不论他经验多么老到，智慧多么高超，学识多么丰富，总有犯错的时候。

犯了错之后，有两种情形。一是自己先觉察了，在他人未发觉时，他就已经纠正了；二是自己未曾觉察，错误由他人指出。

通常，第一种情形，不会有什么问题，而第二种情形，却大有问题，可以由此而生出轩然大波。当然，也可以略略一笑了事。

被他人指出错误时，自然不是一件很愉快的事。尤其当别人指出错误时，别人有权态度恶劣，自己面子上下不来，硬不肯认错，唯一的结果是错上加错，面子更难看。所以，只要有错，一经知道，就要立刻承认，那才是光明磊落的态度。想隐瞒错误，或是为了面子而强词夺理，结果都只有越来越糟。

允　诺

人际关系十分复杂，但以不变应万变，再错综复杂，也可以将之简单化。再简单化的方法之一，是不要勉强自己做自己不愿做的事。

例如，有人要求什么，不愿答应，大可拒绝——可以委婉拒绝，也可以直接拒绝。拒绝的态度要坚决，也不必考虑拒绝的种种后果，因为你考虑了后果，不情愿地去做了，要求者一样不会满意。后果差不了多少，又何必委屈自己？

要知道，在求人者和被求者之间，首先在人情道理上站不住脚的是求人者，而不是被求者，所以，拒绝是正常的行为。自然，乐于助人者，也没有人不让他助人。

拒绝是正常的行为，可以拒绝，可以不答应，但如果答应了，那就总得做到自己答应的事——包括口头上的答应，文字上的签署等等。答应，代表了一个人对一件事的允诺，既然允诺了，自然就该实行诺言，不然，这个人的话还有什么价值？很多时候，打落牙齿和血吞，都无话可说，还是下次学乖，学会拒绝。

答应了不做，是坏行为，拒绝，不是坏行为，两者之间，差别极大。

欺　骗

在人与人之间，不能用思想直接交流，必须用语言或文字才能沟通的情形下，欺骗是人类的行为之一，任何人都有这种行为，不能避免。

常在想，就算人和人之间，可以直接进行思想沟通，欺骗依然可以是人类行为，可以故意那样想，让对方误假为真，或误真为假。

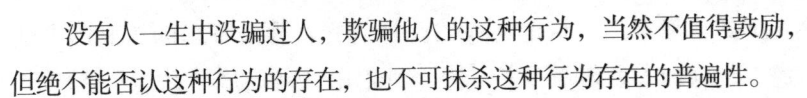

没有人一生中没骗过人，欺骗他人的这种行为，当然不值得鼓励，但绝不能否认这种行为的存在，也不可抹杀这种行为存在的普遍性。

任何人不可避免或多或少地欺骗过他人，不过要知道，可以骗别人，但不能骗自己。

有人会骗自己吗？非但有，且不少。向别人说谎，说得多了，连自己也会把谎话当作了真话，心理学上的这种自欺现象，相当普遍，稍微留心一下，可以发现周遭这种人还真不少。

自己把自己欺骗了，这种现象属于精神病的范围，千万要小心提防，不可让它发生。

炫　耀

现实中常常会遇到这样十分奇怪的现象：当人在炫耀什么的时候，他所炫耀的，恰恰是他所没有的，或是缺少的。比如，当有人在炫耀他的财富时，这人的财富往往并不多，或不够多——若是够多，他便不必炫耀了，因为已经人尽皆知了。

当有人在炫耀他的学问时，情形也一样，他一是没有学问，或是学问不够好——若是他学问真够好，他也不必炫耀了。他必然知道炫耀没有什么用处，而且有学问的人，必然不屑为之。

这是一个矛盾，要炫耀你真有的，然而，真有了的，又必然不会炫耀。所以，在社会上，处理人际关系时，可以肯定一点：遇到有人在炫耀他自己，不论是炫耀什么，都只能姑妄听之，而且肯定他在这方面，没有什么了不起的，和他自己所说的必然不同，不可相信，相信了往往就会上当。

炫耀和说谎多少有点不同，无中生有是说谎，无限做大是炫耀。

摆　架　子

摆架子，往往表现为自高自大，为显示身份而装腔作势，高高在上的冷漠态度，目中无人的藐视目光，爱搭不理的"嗯呵"官腔，动辄训人的蛮横专断，因为讲不出新意而说些老话、套话等，它是人类的行为之一。这种行为，有什么用，值得探讨。

其实，当一个人有摆架子的资格时，他自然就不必摆架子。摆架子，无非是想抬高自己的身份，当人人皆知这个人的身份高时，他又何必再借摆架子来抬高自己呢？

这其中的道理再简单不过了，所以，凡是在种种场合，以种种姿态摆架子的人，无非是想说明一点：他的身份还不够高，而且他自知如此，十分自卑，所以才要借摆架子来抬高自己的身份。而这种做法，在人与人的交往中其作用往往是适得其反，会让人更加看不起。摆架子者可能也知道，但苦于既然身份不够，不摆也不行，只好硬着头皮，真是苦楚之极，也值得同情。

（选自倪匡《处世之道》，有删改）

文化感悟

1. 从以上"文化典籍"中，你最欣赏哪一种人的"处世之道"，说说理由。

2. 孔子用"己所不欲，勿施于人"来诠释"恕"字的含义，对此，请你联系生活实际，简要阐明你的理解与思考。

3. 有人认为，选文第十三篇《认"真"》一文中，老师艾子最后说的话有伤执子的自尊心。如果你是艾子，怎样说才能做到既不伤执子又不至于让通子感到骄傲呢？

第四章　君子之交

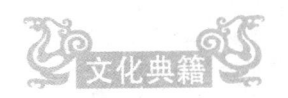

文化典籍

一　士相见礼

【原文选读】

  凡言，非对也，妥而后传言①。与君言，言使臣；与大人②言，言事君；与老者言，言使弟子；与幼者言，言孝弟于父兄；与众言，言忠信慈祥；与居官者言，言忠信。凡与大人言，始视面③，中视抱④，卒视面⑤，毋改。众皆若是。若父，则游目⑥，毋上于面，毋下于带。若不言，立则视足，坐则视膝。

  凡侍坐于君子⑦，君子欠伸，问日之早晏⑧，以食具告，改居，则请退可也。夜侍坐，问夜，膳荤⑨，请退可也。

  若君赐之食，则君祭，先饭⑩，遍尝膳，饮而俟⑪。君命之食，然后食。若有将食者，则俟君之食，然后食。若君赐之爵，则下席，再拜稽首受爵，升席祭，卒爵而俟。君卒爵，然后授虚爵。

退,坐取屦,隐辟而后屦⑫。君为之兴,则曰:"君无为兴,臣不敢辞。"君若降送之,则不敢顾辞⑬,遂出。大夫则辞退下,比及门三辞。

(选自《仪礼·士相见礼》,有删改)

注释:

①妥而后传言:进言时,如果不是因君发问而作答,则必待君安坐后才发言。妥,安坐,指君而言。传言,出言,发言。

②大人:卿大夫。

③始视面:开始时要观察其脸色可否进言。

④视抱:容听者思之,同时,视下于面,表示尊敬。抱,衣领下至腰带之间。

⑤卒视面:最后看其是否听纳己言。

⑥若父,则游目:谓与父言时,目光可以游动,以观察其身心是否安适。

⑦君子:指卿大夫及国中贤者。

⑧晏(yàn):迟,晚。

⑨膳荤:食用荤辛之物。膳,吃。荤,指葱、蒜之类的荤辛之物,可以提神,这里指有倦意,想要休息的意思。

⑩先饭:指先食黍稷,表示为君尝食。

⑪饮而俟:饮酒等候君命之食然后食。

⑫坐取屦(jù),隐辟而后屦:凡侍坐于长者,要脱屦于堂下,故此亦于堂下取屦。坐,跪,此处指退下则跪取屦,退避至隐处再穿上。"隐辟而后屦"表示对君王的恭敬。

⑬不敢顾辞:不敢回首辞谢;君降送,礼太重,故不敢辞。

【文意疏通】

凡是与君谈话,如果不是回答君的提问,则必待君安坐之后才

第四章　君子之交

发言。与君谈话，所言着重于君使臣之礼；与卿大夫谈话，所言着重于臣事君尽忠之道；与老者谈话，所言着重在使弟子之事；与年幼者谈话，所言着重在孝亲敬长之节；与众人谈话，所言着重于忠信慈祥之行；与做官的人谈话，所言着重于忠诚信实之义。向卿大夫进言，开始时要看着对方的脸，言毕，目光下移至对方的怀抱，然后抬头注视对方的面部。进言者要容貌端正，不要变动改容。诸卿大夫同在时，其仪节亦如此。若是与父亲交谈，目光则可以游动，注视的范围，上不要高过面部，下不要低于腰带。如果不说话，站立时要注视对方的脚，坐着时则注视对方的膝盖。

凡是侍坐于君子，君子开始打哈欠伸懒腰，询问时间的早晚，告诉从者所食已遍，或者不断变换坐的位置，看到这些疲倦的表现，你就可以告退了。在夜间侍坐于君子，如果对方询问时间，开始食用荤辛之物，也就表示他已经有了倦意，侍坐者也就可以告退了。

臣侍坐于君，如果君赐给他食物，则君祭食，臣先食黍稷，表示为君尝食，上菜之后，又为君遍尝各种菜肴，然后饮酒等候。待君下令后，才能进食。如果赐给他酒，则要下席，两拜叩头至地然后接爵，即席祭酒，干杯后等候；待君干杯以后才把空爵交给赞者。告退，到了堂下，下跪并且取鞋，退避至隐蔽处才把鞋子穿上。君为臣起立，臣则说："君不要站起来，臣不敢推辞。"君王如果下堂相送，士则不敢回首辞谢，直出门而去。大夫侍坐告退时，君下堂相送，则辞谢，至门前，要辞谢三次。

【义理揭示】

本篇记述了士人、君子在相互交往过程中的礼节和仪式。文中对士与士初次相见的言语、行为等礼仪都作了详细说明,特别是叙述了士见大夫、大夫相见、士大夫见君等应遵循的礼节。

实际上,此篇所述并不只限于"士"的相见之礼,而是着重强调人际交往的伦理道德和意义所在。另外,文章还传达出因交往对象的不同,所言所为各有所指,但都应把厚德劝善作为人与人之间相互交往的主要宗旨。

二 和而不同

【原文选读】

子曰:"君子周①而不比②,小人比而不周。"

(《论语·为政》)

子曰:"君子和③而不同④,小人同而不和。"

(《论语·子路》)

注释:

①周:合群。

②比:勾结。

③和:不同的东西和谐地配合叫作和,各方面之间彼此不同。

④同:相同的东西相加或与人相混同,各方面之间完全相同。

【文意疏通】

孔子说:"君子合群而不与人勾结,小人与人勾结而不合群。"

孔子说:"君子讲求和谐而不同流合污,小人只求完全一致,而不讲求协调。"

【义理揭示】

　　以上两章都体现了孔子的"君子观"。周与比，行迹虽然很相似，但是用心的公私有所不同。君子和小人，虽然都有所亲所厚，但其用心不同，所以他们的亲厚也不同。君子用心出于公心，所作所为以天下为公，所以能视天下为一家，他们爱天下之人，并不要求人们归附于自己，因为他们待人亲厚，心胸宽广，不结党营私，这才是君子的行为。

　　而小人则不同，小人做事出于私心，所以遇到有权势的人则依附之，遇到有利益的人则接近之。这样的党同伐异，厚此薄彼，全无公心，完全是小人行径。另外，君子可以与他周围的人保持和谐融洽的关系，但他们对待任何事情都必须经过自己的独立思考，从不人云亦云，不盲目附和，小人则完全相反。

三 子路初见

【原文选读】

　　子路见孔子，子曰："汝何好乐？"对曰："好长剑。"孔子曰："吾非此之问也，徒谓以子之所能，而加之以学问，岂可及乎？"子路曰："学岂益也哉？"孔子曰："夫人君而无谏臣则失正，士而无教友则失听。御狂马不释策①，操弓不反檠②。木受绳则直，人受谏则圣。受学重问，孰不顺哉？毁仁恶士，必近于刑。君子不可不学。"

子路曰："南山有竹，不揉自直，斩而用之，达于犀革③。以此言之，何学之有？"孔子曰："栝而羽之④，镞而砺之⑤，其入之不亦深乎？"子路再拜曰："敬而受教。"

（选自《孔子家语·子路初见》，有删改）

注释：

①不释策：不放下马鞭。旧注："御狂马者不得释箠策也。"

②操弓不反檠（qíng）：正在拉开的弓箭不能用檠来校正。檠，校正弓的器具；弓不反于檠，然后可持也。

③达于犀革：可以射穿犀牛的皮。

④栝（guā）而羽之：栝，箭末扣弦处，给箭栝装上箭羽。

⑤镞（zú）而砺之：装上磨锋利的箭头。镞，箭头；砺，本意是粗的磨刀石，这里作动词用，意思是磨。

【文意疏通】

子路初次拜见孔子，孔子说："你有什么爱好？"子路回答说："我喜欢长剑。"孔子说："我不是问你这个，我是说以你的能力，再加上努力学习，谁能赶得上你呢？"子路说："学习真的有用吗？"孔子说："国君如果没有敢进谏的臣子，他就会失去正道，读书人如果没有敢指正问题的朋友，他就听不到善意的批评。驾驭正在狂奔的马不能放下马鞭，已经拉开的弓不能用檠来匡正。木料用墨绳来矫正就能笔直，人能接受劝谏就能成为圣人。接受知识，重视学问，谁能不顺利成功呢？诋毁仁义厌恶读书人，必定会触犯刑律。所以君子不可不学习。"

子路说："南山有一种竹子，不矫正自然就是直的，砍下来用作箭杆，可以射穿犀牛的皮。以此说来，哪里还用得着学习呢？"孔子说:"做好箭栝还要装上羽毛,做好箭头还要打磨锋利,这样射出的箭不是射得更深吗?"子路再一次拜谢并对孔子说:"我恭敬地接受您的教诲。"

【义理揭示】

子贡曾向孔子请教何谓"君子之道"。孔子对他说:"先去实践自己想要说的话,等到真正做到了以后才把它说出来。"这句话道出了"君子之道"的两个重点,一是"言",二是"行"。

从"言"的角度说,就是君子要先做后说,也可用"慎言"来概括。慎言也就是"讱",即说话谨慎。从"行"的角度说,"行"是作为"言"的取舍标准。能做到的才说它,做不到的就不要说。值得注意的是,言与慎言也应当符合"义"的要求,才能真正成为君子的美德。因此,真正的君子,是要少说空话,多做实在的事情。

四 君子之交淡若水

【原文选读】

子桑雽曰:"子独不闻假人之亡与?林回弃千金之璧,负赤子①而趋②。或曰:'为其布③与?赤子之布寡矣;为其累与?赤子之累多矣;弃千金之璧,负赤子而趋,何也?'林回曰:'彼以利合,此以天属④也。'夫以利合者,迫穷祸患害相弃也。以天属者,迫穷祸患害相收也。夫相收之与相弃亦远矣。且君子之交淡若水,小人之交甘如醴⑤;君子淡以亲,小人甘以绝。彼无故以合者,则无故以离。"

(选自《庄子·山木》)

注释：

①赤子：初生的婴儿。

②趋：逃命。

③布：古代的一种钱币。

④属：相连。

⑤醴：甜酒。

【文意疏通】

子桑说："你没有听说过那假国人的逃亡吗？林回舍弃了价值千金的璧玉，背着婴儿就逃跑。有人议论：'他是为了钱财吗？初生婴儿的价值太少太少了；他是为了怕拖累吗？初生婴儿的拖累太多太多了。舍弃价值千金的璧玉，背着婴儿就跑，他究竟是为了什么呢？'林回说：'价值千金的璧玉跟我是以利益相合，这个孩子跟我则是以天性相连。'以利益相合的，遇上困厄、灾祸、忧患与伤害就会相互抛弃；以天性相连的，遇上困厄、灾祸、忧患与伤害就会相互包容。相互包容与相互抛弃差别也就太远了。而且君子的交情淡得像清水一样，小人的交情甜得像甜酒一样；君子淡泊而心地亲近，小人以利相亲而利断义绝。但凡无缘无故而接近相合的，那么也会无缘无故地离散。"

【义理揭示】

因为君子有崇高的文化修养和高尚的道德情操，所以他们的交情淡得像清水一样。本篇中的"淡若水"并不是说君子之间的感情淡得像水一样，而是指君子之间的交往，不含有任何功利之心和是

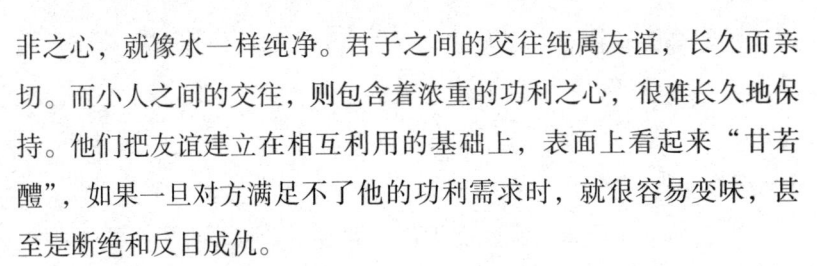

非之心，就像水一样纯净。君子之间的交往纯属友谊，长久而亲切。而小人之间的交往，则包含着浓重的功利之心，很难长久地保持。他们把友谊建立在相互利用的基础上，表面上看起来"甘若醴"，如果一旦对方满足不了他的功利需求时，就很容易变味，甚至是断绝和反目成仇。

实际上，真正的朋友不需要有大风大浪一样的日子，能够健康、快乐、珍惜和相互信任，拥有像水一样清澈透明的友谊足以。本篇启示我们与人交往就要更多地亲近君子，远离小人。

五 君子中庸之道

【原文选读】

仲尼①曰："君子中庸②，小人反中庸。君子之中庸也，君子而时中。小人之中庸也③，小人而无忌惮④也。"

(选自《礼记·中庸》)

注释：

①仲尼：即孔子，名丘，字仲尼。

②中庸：即中和。庸，"常"的意思。

③小人之中庸也：应为"小人之反中庸也"。

④忌惮：顾忌和畏惧。

【文意疏通】

仲尼说："君子中庸，小人违背中庸。君子之所以中庸，是因为君子随时都能做到适中，无过无不及；小人之所以违背中庸，是因为小人肆无忌惮，专走极端。"

【义理揭示】

孔子的学生子贡曾经问孔子："子张和子夏哪一个更贤能一些？"孔子回答说："子张过分，子夏不够。"子贡又问："是子张贤能一些吗？"孔子说："过分与不够是一样的，两者都是不好的。"这一段对话是对"君子而时中"的生动诠释。换句话说，过分与不够貌似不同，其实质是一样的，都是不符合"中庸"的要求。君子所谓的"中庸之道"，就是"凡事要适可而止，不偏不倚"。君子在为人处世中能做到恰到好处，不走极端，从而达到交往的最高境界。

六 君子不患

【原文选读】

孟子曰："君子所以异于人者，以其存心也。君子以仁存心，以礼存心。仁者爱人，有礼者敬人。爱人者，人恒爱之。敬人者，人恒敬之。有人于此，其待我以横逆①，则君子必自反也：'我必不仁也，必无礼也，此物奚宜②至哉？'其自反而仁矣，自反而有礼矣，其横逆由是也③，君子必自反也：'我必不忠。'自反而忠矣，其横逆由是也，君子曰：'此亦妄人④也已矣。如此，则与禽兽奚择⑤哉？于禽兽又何难⑥焉！'是故君子有终身之忧，无一朝之患也。乃若所忧则有之：舜，人也；我，亦人也。舜为法于天下，可传于后世，我由⑦未免为乡人也。是则可忧也。忧之如何？如舜而已矣。

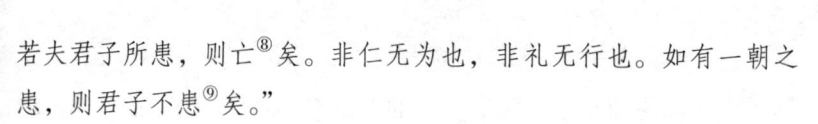

若夫君子所患，则亡⑧矣。非仁无为也，非礼无行也。如有一朝之患，则君子不患⑨矣。"

（选自《孟子·离娄下》，有删改）

注释：

①横逆：强暴无理。

②奚宜：怎么恰当，应该怎样。

③由是也：仍然如此。

④妄人：狂妄的人，糊涂人。

⑤与禽兽奚择：与禽兽有何区别。择，选择。

⑥难：责难，引申为计较。

⑦由：通"犹"，还。

⑧亡：通"无"，没有。

⑨患：忧愁，担心。

【文意疏通】

孟子说："君子不同于一般人的地方，就在于他的思想观念。君子把仁爱放在心上，把礼义放在心上。有仁爱之心的人爱护人，有礼义之心的人敬重人。爱护人的人，别人也常爱护他。敬重人的人，别人也常敬重他。假设有这么一个人，对我蛮横无理，那么，君子一定会反躬自问：'一定是我不仁爱、无礼义，否则，怎么会这样呢？'如果自问没有对别人不仁爱、无礼义，而蛮横无理者依然如故，君子还是会自我反省：'一定是我对人不忠诚吧。'如果自问没有不忠诚的地方，而蛮横无理者依然如故，然后君子自我宽慰地说：'这不过是一个狂妄之徒罢了，既然这样，那么，他与禽兽又有什么区别呢？对禽兽又何必计较呢？'所以君子有终身的忧虑，便没有偶发的灾祸。像这样的忧虑是有的：舜是人，我也是人。可是舜是天下人的榜样，留英名于后世。而我呢？却仍然是一个普通人。这是值得忧虑的。忧虑这个怎么样？要像舜一样罢了。君子其他什么忧虑就没有了。没有良心的事不做，不合礼义的事不为。即使有什么不测的灾祸一旦降临，君子也是会临变不惊、泰然自若的。"

【义理揭示】

本篇讲的是君子处处以仁、礼存于心，自然会得到相应的回报，即使有"横逆"之来，亦必反躬自问，于心无愧，能始终做到不与人计较。同时，君子所忧虑的是自己的品德修养不如舜，其他任何事情，从不患得患失。即使灾祸降临，也会临变不惊、泰然自若。

生活中当我们处在事与愿违的情况时，首先就要寻找自身的原因，不为自己找借口，更不要怨天尤人。但是在与人交往的过程中，如果自己已经达到了"仁、礼和忠"的要求，却依然遭受对方的蛮横，那么，就可以把他当作与禽兽无异的狂妄之人，不必过分与之计较，以免自己再次受到伤害和侮辱。

七 晋人好利

【原文选读】

晋人有好利者，入市区焉。遇物即攫①之，曰："此吾可羞②也，此吾可服③也，此吾可资④也，此吾可器⑤也。"攫已，即去。市伯⑥随而索其直⑦，晋人曰："吾利火炽⑧时，双目晕热，四海之物，皆若已所固有，不知为尔物也。尔幸⑨予我，我若富贵当尔偿。"市伯怒，鞭⑩之，夺其物以去。旁有哂⑪之者，晋人戟手⑫骂曰："世人好利甚于我，往往百计而阴⑬夺之，吾犹取之白昼，岂不又贤于彼哉？何哂之有？"

（选自《龙门子凝道记》，有删改）

注释：

①攫（jué）：夺取。

②羞：通"馐"，美好的食品，这里作动词用，意为"吃"。

③服：作动词，穿。

④资：收藏。

⑤器：作动词，用。

⑥市伯：管理市场的官吏，又译"店主"。

⑦直：通"值"，价格，此处指买这些东西应该付的钱。

⑧火炽（chì）：旺盛，此指迫切。

⑨幸：敬辞，表示对方这样做是使自己感到幸运的。

⑩鞭：抽打。

⑪哂（shěn）：讥笑。

⑫戟（jǐ）手：竖起中指和食指如戟形，这里指骂人，是侮辱人的动作。

⑬阴：暗暗地。

【文意疏通】

有一个喜欢钱财的晋国人，到市场上去做买卖。晋人遇到东西就去夺取它，并且说："这个我可以吃，这个我可以穿，这个我可以用，这个器皿我可以装东西。"晋人夺取完后就离开了。管理市场的官吏、店主们赶过来让他交钱，那个晋人却说："我利欲熏心的时候，两眼发晕冒火，天下（或四海之内）的东西，好像本来全都是我的，不知道是别人的东西。不如你给我，我如果升官发了财会还给你的。"官吏、店主们听了他的话都发怒了，用鞭子抽打他，并夺回他抢去的东西后就走了。旁边有人讥笑他，晋人伸出手，指着他骂道："世人贪图利益比我更严重，往往千方百计地暗中争夺利益，我只是在白天拿东西，难道不是比他们要好吗？这又有什么好讥笑的呢？"

【义理揭示】

君子在与他人交往时，往往是不会做一个利令智昏的人。本篇作者借"晋人"之语，一方面批判了社会上贪得无厌、利欲熏心的"好利者"，另一方面揭露了那些以"坦荡"为名，实则行"好利"之事的小人。

好利是人类的普遍本性，最好的做法当然是"君子爱财，取之有道"。但表面上君子风范，慷慨激昂，而暗地里却贪得无厌，为利益费尽心机者，实在还不如文中的那个晋国人。与之相比，则显得更为卑劣和虚伪。

八 范元琰遇盗

【原文选读】

范元琰（yǎn），字伯珪，一字长玉，吴郡钱塘人也。……及长好学，博通经史，兼精佛义。然谦敬，不以所长骄人。……家贫，惟以园蔬为业。尝出行，见人盗其菘①，元琰遽退走，母问其故，具以实答。母问盗者为谁，答曰："向所以退，畏其愧耻。今启②其名，愿不泄也。"于是母子秘之。或有涉③沟盗其笋者，元琰因伐木为桥以渡之。自是盗者大惭，一乡无复草窃。

(选自李延寿《南史·列传第六十六》，有删改)

注释：

①菘：白菜。

②启：说出。

③涉：徒步渡水，趟水。

【文意疏通】

范元琰，字伯珪，又字长玉，南朝时吴郡钱塘人。范元琰年轻时非常好学，博通经史，精研佛学，但是他为人很谦逊，从来没有因为自己的所长而看不起别人。范元琰的家里很贫困，仅靠种一些蔬菜来维持生活。有一次，范元琰从家里出来，发现有人正在偷他家田里种的白菜，范元琰急忙返回了家中。母亲问他原因，范元琰就把刚才看到的事情告诉了母亲。母亲问偷菜的人是谁，范元琰说："我原先之所以退回来，就是怕偷菜的那人感到羞耻，现在我告诉您他的名字，希望您不要泄露给他人啊！"母子俩从此严守了这个秘密。范元琰家的菜园外有一条水沟，有人从水沟中渡水过来偷他家种的竹笋，范元琰就特意伐木，在水沟上架起了一座桥，让那些偷竹笋的人不必渡水而过。偷竹笋的人因此感到非常惭愧，从此，这一带不再有偷盗的人。

【义理揭示】

文中范元琰对待盗者的做法，有人赞同，因为范元琰不计较盗贼的德行，用自己的善举使他们认识到自己的丑恶，从而觉得心中惭愧，并积极改过自新。范元琰身上表现出"不因人之恶而恶"的品质，这正是君子的善人之道。也有人不赞同，因为范元琰的这种做法姑息养奸，纵容了错误的再一次发生，使社会上不好的风气得以继续发展。

事实上，无论赞同与否，有一点是必须要肯定的，那就是范元琰宽以待人的品质。面对别人的错误，君子是不会一味地纵容，而是做到了有限度和有原则。因为有限度的宽容是"德"的体现，没有限度的宽容，则是为虎作伥、助纣为虐的表现。

九 中山君飨都士

【原文选读】

中山君飨[①]都士，大夫司马子期在焉。羊羹不遍，司马子期[②]怒而走于楚，说楚王伐中山，中山君亡[③]。有二人挈[④]戈而随其后者，中山君顾谓二人："子奚为者也?"二人对曰："臣有父，尝饿且死，君下壶餐饵之。臣父且死曰：'中山有事，汝必死之。'故来死君也。"中山君喟然而仰叹曰："与不期众少，其于当厄[⑤]；怨不期深浅，其于伤心。吾以一杯羊羹亡国，以一壶餐得士二人。"

(选自《战国策·中山》，有删改)

第四章　君子之交

注释：

①飨（xiǎng）都士：宴请都邑的士大夫。

②司马子期：中山之臣，后出仕楚国。

③亡：逃亡。

④挈：用手拿着。

⑤厄：灾难，厄运。

【文意疏通】

　　中山国君宴请国都里的士人，大夫司马子期也在其中。由于羊羹没有分给自己，司马子期一生气便跑到楚国去了，还劝诫楚王攻打中山国。楚王攻打中山时，中山君正在逃亡，有两人拿着兵器跟在他的身后，中山君回头对这两人说："你们是干什么的？"两人回答说："我们的父亲有一次饿得快要死了，您赏给一壶熟食给他吃。他临死时说：'中山君有了危难，你们一定要为他而死。'所以我们特来为您效命。"中山君仰天长叹，对他们说："施与不在有多少，而在于正当人家困难的时候；仇怨不在深浅，而在于是否伤了人家的心。我因为一杯羊羹而亡国，却又因为一壶熟食得到两个为国效命的勇士。"

【义理揭示】

　　事情无论大小，如果真正触及了人的心灵，那么就会改变别人对你的态度。这则故事启示我们，"勿以善小而不为，勿以恶小而为之"，这是君子的处世之道。生活中我们会习惯地做些因小失大的事情，这是不聪明的表现。如果不认真对待生活中的每一件小事，说不定哪天坏了大事的，正好就是这一件小事。

　　本篇启示我们，施与他人并不在于多和少，而在于他人是否处在遭受困厄的时候；怨恨并不在于深和浅，而在于是否伤到了别人的心。人与人之间的交往，要彼此交心，不要伤害到别人的本心，更不要欺己和欺心。

十 不偏不党

【原文选读】

祁奚①请老②，晋侯③问嗣④焉。称⑤解狐⑥，其仇也。将立之而卒。又问焉，对曰："午⑦也可。"于是羊舌职⑧死矣，晋侯曰："孰可以代之？"对曰："赤⑨也可。"于是使祁午为中军尉⑩，羊舌赤佐之⑪。

君子谓祁奚于是能举善矣。称其仇，不为谄；立其子，不为比⑫；举其偏⑬，不为党⑭。《商书》曰："无偏无党，王道荡荡⑮。"其祁奚之谓矣。解狐得举，祁午得位，伯华得官；建一官而三物成，能举善也夫。唯善，故能举其类。《诗》云："惟其有之，是以似之。"祁奚有焉。

(选自《左传·祁奚举贤》，有删改)

注释：

①祁奚：字黄羊，晋国大臣，任晋国中军尉。

②请老：告老，请求退休。

③晋侯：指晋悼公。

④嗣：指接替职位的人。

⑤称：推举。

⑥解狐：晋国的大臣。

⑦午：祁午，祁奚的儿子。

⑧羊舌职：晋国的大臣，当时任中军佐，姓羊舌，名职。
⑨赤：羊舌赤，字伯华，羊舌职的儿子。
⑩中军尉：官名。春秋时晋国的军队设军尉，主管派遣为将佐驾驭车马的军吏及训练士卒。
⑪佐之：辅佐他，这里指担当中军佐。
⑫比：偏袒，偏爱。
⑬偏：指副职，下属。
⑭党：勾结。
⑮王道荡荡：王道，指儒家所提倡"仁义治理天下"的政治主张；荡荡，平坦广大的样子，这里指公正无私。

【文意疏通】

祁奚请求告老退休，晋悼公向他询问接替他的中军尉职务的人。祁奚推举解狐，而解狐是他的仇人。晋悼公要立解狐为中军尉，解狐却死了。晋悼公又问他，祁奚回答说："祁午可以任中军尉。"正在这个时候羊舌职也死了，晋悼公问祁奚："谁可以接替羊舌职的职位呢？"祁奚回答说："羊舌赤可以。"于是，晋悼公让祁午做了中军尉，让羊舌赤来辅佐他。

君子认为祁奚在这件事情上能够推举贤人。推荐他的仇人，而不谄媚；推立他的儿子，而不偏袒；推举他的下属，而不是勾结。《商书·洪范》说："没有偏袒不结党，王道政治坦荡荡。"这句话大概说的就是祁奚这样的人了。解狐得到了推举的机会，祁午也得到了职位，连羊舌赤也得到了官职；立了一个中军尉的官，而得举、得位、得官三件好事都成全了，这正是由于他能推举贤人。恐怕只有自己是贤人，才能举荐跟自己一样的人。《诗经·小雅·裳裳者华》说："只因为他有仁德，才能推举像他一样的人。"祁奚就具有这样的美德。

【义理揭示】

"识才与用才"始终是贯穿人类和社会发展的永恒主题。祁奚在这件事情上能够推举贤人,不论是自己的仇人,还是自己的亲属和部下,他都坚持把德行和才能作为举荐的标准,做到不偏不党,这就是君子可贵的处世之道。

本篇中祁奚身上的清廉正直、刚正不阿、任人唯贤和公正无私的品质,充分体现了"内举不避子,外举不避仇"的品行和公而忘私的崇高精神,真正做到了"公正无私",无不彰显出君子在处世上"仁德"的崇高追求。

文化倾听

君子之交淡如水,这是君子交往的最高境界,正如俞伯牙与钟子期,高山流水遇知音的心心相印。这种交往一般不需要太多的言语,更多的是心照不宣,还有什么比心灵上的契合来得更纯粹呢?有共同的志趣,彼此相知相助,相惜相勖,不论地位,不分彼此,这样的君子之交,不正是你我共同追求的吗?

《论语》中为我们描述的君子,除了要是一个善良的人,一个高尚的人,一个很好相处的人外,还有一个重要的标准,就是说话和做事的标准。一个君子不会把自己要做的事,要达到的目标先说出来,而往往是等把事都做完了,目标达到了,才淡淡地说出来。这叫"先行其言而后从之"(《论语·为政》)。孔子十分讨厌那些夸夸其谈的人，他说："巧言令色，鲜矣仁！"（《论语·学而》）他认为，真正的君子应该"讷于言而敏于行"（《论语·里仁》），表面上可能是木讷的，少言寡语，但他的内心却是无比坚定和刚毅的。

《圣经》说："世界上最追不回来的有三件事：射出的箭、说出的话和失去的机会。"说出去的话，有时候正如覆水难收，所以，一个真君子，总是会先把事情做到，然后再去说。孔子说："君子耻其言而过其行。"（《论语·宪问》）今天我们所说的成语"言过其行"就出自此句。如果一个人说的多于他自己做的，在君子看来这是"君子之耻"。君子崇尚实干，君子的力量永远是行动的力量，而不是语言的力量。

君子的交往之道也包含如何对待所谓的"小人"。"君子周而不比，小人比而不周。"（《论语·为政》）在孔子看来，比和周，是相反的。周是团结，比是勾结。比如吃吃喝喝，拉拉扯扯，狐朋狗党，酒肉朋友，是为"比"。而周呢？则是和衷共济，精诚团结。我们都知道：团结也是有原则的，无原则地在一起，那就是勾结，就是"比"。小人勾结在一起是毫无"原则"可言的。因此，儒家的中庸之道不可能是没有原则的。

实际上，在儒家这里，中庸不但是讲原则，中庸本身就是原则，而且是最高的原则。《论语·雍也》："中庸之为德也，其至矣乎！民鲜久矣。"这就是说，中庸作为一种道德，难道不是最高的原则吗？可惜已经很久不见了。那我们应该怎么办呢？当然是应该坚持这种原则，并且要认识到君子的"中庸"，不做老好人，不和稀泥，更不会无原则地求和。

中庸之道是常人之道，普通人也能做到的，并不是什么神秘的东西。儒家的伦理道德学说有一个特点，就是强调任何人，所有最普通的人，以至于再没有文化的人都能做到。所以他们绝不唱高调，绝不定一个高不可攀的目标出来。比如《礼记》里面讲，一个孝子，应该做到"出必告，反（返）必面"。就是说在出门的时候，你一定要告诉父母；回家以后，也一定要跟父母见面。儒家认为的与人为善、不轻其身、不偏不党、自省自戒等，这些都属于做人的本分，也是道德追求，是人人都能做到的。

既不走极端，又不唱高调，这些看似不难，但是真要做到，又很不容易。现实中的一些人就喜欢唱高调、走极端。他们为了把自己跟那些"平庸"的、"庸常"的，甚至"庸俗"的大众区别开来，非常崇拜绝不能"庸"这种观念。他们一定要设立新的道德标准，并且拿这种"高标准"去要求别人、批判别人和谴责别人。至于这些要求是否合理，是否可行，他们并不在意。

中庸之道非常强调"适中"二字，适中，不但是"中"，而且是"适"。"适"可能比"中"还要重要。或者说，"中"其实是为了"适"。世界上没有最好，只有最合适。因为"最好"的只有一个，否则怎么叫"最"呢？实际上，对你来说最合适的，就是最好的。中庸就是最合适，就是不走极端。

由此可见，《论语》中出现最多的"君子"，他们所坚守的"道"永远是朴素的，是温暖的，是每个人都能做到的。

文化传递

"君子之交淡若水，小人之交甘若醴"出自《庄子·山木》，意思是君子之交，源于互相宽怀、理解。而在这样的理解中，互相

第四章　君子之交

不苛求、不强迫、不嫉妒、不黏人，双方都能保持一定的距离，而且讲究一定的原则。所以在常人看来，君子的交往和感情就像白水一样清淡。

本章所说的庄子"淡若水"的交友精神，不仅深刻地影响着老庄后学者的精神空间，而且还在他们的现实生活中发挥着引领作用，这在魏晋南北朝的乱世中表现得尤为突出。

学问家嵇康，喜欢"神龟"生活，白天在路边挥锤打铁，大汗淋漓；晚上则读《老子》《庄子》、弹古琴。他的一曲《广陵散》，更是天下独绝。有一天，他的老朋友，同为"竹林七贤"之一的山巨源，推荐他到朝廷去做大官。嵇康越想越不对劲，心想这位老朋友是怎么想的，怎么完全忘了我们"淡若水"的交友初衷，这怎么能算是我的朋友呢？于是嵇康挥笔疾书，洋洋洒洒写下了两千言的《与山巨源绝交书》，公开表明自己的处世原则和交友之道，并对当时的黑暗现实和虚伪的礼法进行了尖锐的嘲笑和讽刺。这篇《绝交书》不仅是先哲庄子精神风貌的再现，而且有着魏晋风骨的新色彩。说它是中国文化史上最重要、最奇特的一封绝交书，那是一点也不为过的。因为君子的交往是心与心的交流，是天与地的默契，是丝与缕的交织。它可以是廉颇与蔺相如的"刎颈之交"，可以是陈重与雷义的"胶漆之交"，还可以是元伯与巨卿之间的"鸡黍之交"。

曾看到这样一段佳话，唐贞观年间，薛仁贵尚未得志之前，他与妻子住在一个破窑洞中，衣食并无着落，全靠王茂生夫妇来接济。后来，薛仁贵参军，在跟随唐太宗李世民御驾东征时，因薛仁贵"平辽"立下了赫赫战功，被封为"平辽王"，一夜间，身价猛增百倍。前来王府送礼祝贺的文武大臣络绎不绝，可都被薛仁贵婉言谢绝了。他唯独收下了普通老百姓王茂生送来的"美酒两坛"。

负责启封的执事官大吃一惊,因为坛中装的不是美酒而是清水!

面对这般戏弄,薛仁贵不但没有生气,而且命令执事官取来大碗,当众饮下三大碗清水。在场的文武百官不解其意,薛仁贵解释说:"我过去落难时,全靠他们夫妇二人经常资助,如果没有他们就没有我今天的荣华富贵。如今我美酒不沾,厚礼不收,却偏偏要收下他们送来的清水,因为我知道他们贫寒,送清水也是他们的一番心意。"

虽然这段佳话已经远去,但是君子的交往之道应该得到尊重和传承,更应该让我们好好地反思君子之交在当今社会的思想内涵和价值传递。曾经看到这样一则报道:某报纸社会调查中心通过民意中国网和新浪网,对"现代人的友谊变味了?"这一问题进行了调查。在2012个受访者中,77.9%的受访者坦言身边真正的朋友很少,其中6.7%的人表示自己几乎没有真正的朋友,99.6%的人认为"纯友谊"越来越少。75.5%的受访者表示,当下友谊变味了。调查还表明,很多人交友都是出于利益的考虑,纷纷表示如今已鲜有所谓的"君子之交"。

仅凭这一调查数据,我们不能武断地下结论:现代人的友谊已经变味了。但是至少应该看到,在交友这个问题上,现代人的观念正在悄然发生变化。面对这种变化,60.7%的受访者认为,罪魁祸首是"拜金主义横行"。当今社会,很多人把朋友看成是一种宝贵的社会资源,甚至刻意去结交官场和生意场上对自己有利的人,这就使"交朋友"带上了许多功利色彩。而出于功利目的的交友,就不是真正意义上的"交友",而是物质上的等价"交换"。

如今出现了友谊变味,甚至是变质的问题,主要是因为20世纪90年代以来,社会经济迅速发展,但相应的思想道德教育、价值取向、精神观念等都发生了偏差,再加上社会对成功的定义日趋单一化、庸俗化，出现了"一切都向钱看"的世俗观念，人们的价值取向也随之物质化、庸俗化。

中国是一个文明古国，尤其是在君子之交这个问题上，历朝历代有着很多的传奇故事。其中，最著名的当属"高山流水觅知音"的故事。《列子·汤问》："伯牙善鼓琴，钟子期善听。伯牙鼓琴，志在高山，钟子期曰：'善哉，峨峨兮若泰山！'志在流水，钟子期曰：'善哉，洋洋兮若江河！'伯牙所念，钟子期必得之。"因此，后人以"高山流水"来形容朋友之间的默契和心心相印，而"高山流水"也成了交友的最高境界。

罗曼·罗兰说："友谊是毕生难觅的一宗珍贵财富。"梁实秋说："友谊不可透支，总要保留几分。"这告诉我们，友谊是弥足珍贵的，但绝不可"尽其所能"，要懂得适可而止。生活实践告诉我们，君子交友的最高境界就是"淡"，只有淡淡的、纯洁的友谊才会更加长久，更加芬芳，更加迷人。

文化感悟

1. 在现代社会的人际交往中，你如何理解君子"中庸之道"的思想内涵，请举例说明。

2. 自行设置一场"君子"与"伪君子"的虚拟辩论，围绕某一个主题，以对话的形式写一段台词。

第五章　布衣之交

文化典籍

一　好生

【原文选读】

虞、芮①二国争田而讼②，连年不决，乃相谓曰："西伯③，仁人也，盍④往质⑤之。"

入其境，则耕者让畔⑥，行者让路。入其邑，男女异路，斑白不提挈⑦。入其朝，士让为大夫，大夫让为卿。虞、芮之君曰："嘻！吾侪⑧小人也，不可以履君子之庭。"遂自相与而退，咸以所争之田为闲田矣。

孔子曰："以此观之，文王之道，其不可加焉。不令而从，不教而听，至矣哉！"

(选自《孔子家语·好生》)

注释：

①虞、芮：春秋时两个小诸侯国。虞国在今山西平阴县，芮国在今山西芮城县。

②讼：打官司。

③西伯：即周文王。

④盍：通"何"，疑问代词，何不。

⑤质：评判。

⑥畔：指田地的边界。

⑦提挈：提着，举着，指负重。

⑧吾侪：我辈，我们这一类人。

【文意疏通】

虞国和芮国为了争夺田地而打官司，打了几年也没有结果，他们就相互说："西伯是一位仁人，我们何不到他那里让他给评判呢？"

他们进入西伯的领地后，看到耕田的人互相谦让田地的边界，走路的人互相让路。进入城邑后，看到男女分道而行，老年人没有提着重东西的。进入西伯的朝廷后，士人谦让着让他人做大夫，大夫谦让着让他人做卿。虞国和芮国的国君说："唉！我们真是小人啊！是不可以进入西伯这样的君子之国的。"于是，他们就一起远远地退让，都把所争的田作为闲田。

孔子说："从这件事看来，文王的治国之道，不可以再超过了。不用下命令大家就听从，不用实施教导大家就听从，这就是达到了治理的最高境界。"

【义理揭示】

本篇是对文王实施教化的高度赞美。卫嗣君执政时，有一个罪犯胥靡逃到魏国，而卫国想用百金把他赎回来进行审判，魏国不同意。于是卫君想用左氏城邑来换回胥靡。大臣们都劝说："用这样价值不菲的土地，去换回一个小小的罪犯，恐怕不合适吧？"卫君说："治，无所谓小国；乱，无所谓大国。"他用教化来引导百姓，即使是三百户人家的城邑也能治理好。如果百姓不讲廉耻礼仪，即使有十座左氏城池，那又有什么用呢？

有时候管理者的教化，往往可以使老百姓更懂得礼让与谦让，从而更好地走向"平民之交不可欺"的境界。

二 孟尝君舍人

【原文选读】

孟尝君舍人有与君之夫人相爱者。或以问孟尝君曰："为君舍人而内与夫人相爱，亦甚不义矣，君其杀之。"君曰："睹貌而相悦者，人之情也，其错之，勿言也。"

居期年，君召爱夫人者而谓之曰："子与文游久矣，大官未可得，小官公又弗欲。卫君与文布衣交，请具车马皮币①，愿君以此从卫君游。"于卫甚重。

齐、卫之交恶，卫君甚欲约天下之兵以攻齐。是人谓卫君曰："孟尝君不知臣不肖②，以臣欺君。且臣闻齐、卫先君，刑马压羊，盟曰：'齐、卫后世无相攻伐，有相攻伐者，令其命如此。'今君约天下之兵以攻齐，是足下倍③先君盟约而欺孟尝君也。愿君勿以齐为心。君听臣则可；不听臣，若臣不肖也，臣辄以颈血溅足下衿。"卫君乃止。

齐人闻之曰："孟尝君可语善为事矣，转祸为功。"

（选自《战国策·齐策》）

第五章 布衣之交

注释:

①车马皮币:皮币,兽皮和缯布。指车马、玉帛等值钱的财物。

②不肖:自谦之辞,不才,不贤。

③足下倍:敬称,表示对对方的尊称。倍,同"背",违背。

【文意疏通】

孟尝君门客之中,有一个人十分爱慕孟尝君的夫人。有人把这件事告诉了孟尝君,并说:"食君之禄,却爱君之夫人,此人也太不够义气了,阁下何不杀了他?"孟尝君说:"悦人之貌,渐生爱心,此亦人之常情,你就不要再提此事了。"

过了一年,孟尝君召来那个爱慕夫人的门客,对他说:"你在我这里待的时间也不算短了,一直未能为先生觅到好职位。小官职先生又会不屑一顾,田文又不敢委屈大才。恰好如今的卫君与田文是布衣之交,田文愿替先生准备车马钱币去报效卫君。"这个门客去到卫国以后,很受卫君的器重。

后来齐、卫两国关系一度出现剑拔弩张的局面,卫君极想结盟诸侯进攻齐国。这时那个门客站出来对卫君说:"孟尝君不知道臣无德无能,把臣推荐给您。我曾听说先王的事,过去齐、卫两国君王杀马宰羊,彼此立下盟约:'齐、卫子孙,不得刀兵相向,若违背誓言出兵攻伐的,下场有如此马此羊!'如今大王结盟诸侯,准备进攻齐国,正是违背先君订下的盟约,同时也欺骗了孟尝君。臣希望大王息怒,不要再计划伐齐的事了!大王听从臣的劝告也就罢了,如若不听,像臣这样不才的,我也会把自己颈项之血溅在您的衣襟之上!"卫君于是打消了伐齐的念头。

齐国人听到这件事以后，都说："孟尝君真可算是善于处理事情的人，他不杀家人而使齐国不遭攻击，把灾祸变成了他的功劳。"

【义理揭示】

孟尝君是广聚人才、礼贤下士的"战国四君子"之一，他的大度和领袖魅力，在中国历史上留下了很多的美誉。上文中的"孟尝君可语善为事矣，转祸为功"一句足以表明：宽容门客的行为不仅给他带来了巨大的惊喜，而且避免了一场战争。这不是交往，更不是交友，而是能清楚地认识到待人处世中的利害关系。"海纳百川，有容乃大"，没有足够的气量和宽广的胸怀，难以成为一个受民众拥护的国君，老百姓也是不会依附于你的。

三 苏代为燕说齐

【原文选读】

苏代为燕说①齐，未见齐王，先说淳于髡②曰："人有卖骏马者，比③三旦立于市，人莫知之。往见伯乐曰：'臣有骏马，欲卖之，比三旦立于市，人莫与言，愿子还④而视之，去而顾之，臣请献一朝之贾⑤。'伯乐⑥乃还而视之，去而顾之，一旦而马价十倍。今臣欲以骏马见于王，莫为臣先后者，足下⑦有意为臣伯乐乎？臣请献白璧一双，黄金千镒⑧，以为马食。"

淳于髡曰："谨闻命矣。"入言之王而见之，齐王大说⑨苏子。

（选自《战国策·燕策》）

注释：

①说：游说。

②淳于髡（kūn）：战国时期齐国（今山东省龙口市）人，以博学、滑稽、善辩著称，被齐威王任为大夫。

③比：副词，接连地。

④还：通"环"，环绕。

⑤贾：当作"费"字。

⑥伯乐：春秋时期秦国人，以善于相马著称。

⑦足下：古代下称上或平辈之间相称的敬辞，类似于后来的"阁下""您"。

⑧镒（yì）：古代的重量单位，合二十两或二十四两。

⑨说：同"悦"，对……感到满意。

【文意疏通】

苏代为燕国去游说齐国，没有见齐威王之前，先对淳于髡说道："有一个卖骏马的人，接连三天早晨守候在市场里，也无人知道他的马是匹骏马。卖马人很着急，于是去见伯乐说：'我有一匹骏马，想要卖掉它，可是接连三天早晨，也没有哪个人来问一下，希望先生您能绕着我的马看一下，离开时回头再瞅一眼，这样我愿意给您一天的费用。'伯乐于是就照着卖马人的话做了，结果一下子马的身价竟然涨了十倍。现在我想把'骏马'送给齐王看，可是没有替我前后周旋的人，先生有意做我的伯乐吗？请让我送给您白璧一双，黄金千镒，以此作为您的辛苦费吧。"

淳于髡说："我愿意听从您的吩咐。"于是淳于髡进宫向齐王作了引荐，齐王接见了苏代，而且很喜欢他。

【义理揭示】

本故事除了叙述人们对伯乐的信任之外，还反映了一个非常普遍的社会现象，那就是有价值的东西，并不是人人都能发现它的，往往需要专家或有影响的人的推介。人的本性如此，如果不采取一些策略引起他人和社会的重视，那只能怪自己愚笨。

面对当今社会中人际交往的复杂形势，有才能的人一定要善于推销自己，就像文中卖马人借助伯乐来提高马的身价一样。生活中我们也要学会借助一些要人或贵人来提升自己的身价。那些不学无术的人尚且采用这样的手段，而作为有真才实学者，采用这样的手段推销自己是完全可以的。

四 章台见相如

【原文选读】

秦王坐章台①见相如。相如奉璧奏②秦王。秦王大喜，传以示美人及左右，左右皆呼万岁。相如视秦王无意偿赵城，乃前曰："璧有瑕③，请指示王。"王授璧。相如因持璧却立④，倚柱，怒发上冲冠，谓秦王曰："大王欲得璧，使人发书至赵王，赵王悉召群臣议，皆曰：'秦贪，负⑤其强，以空言求璧，偿城恐不可得。'议不欲予秦璧。臣以为布衣之交⑥尚不相欺，况大国乎？且以一璧之故逆⑦强秦之欢，不可。于是赵王乃斋戒⑧五日，使臣奉璧，拜送书⑨于庭⑩。何者？严⑪大国之威以修敬⑫也。今臣至，大王见臣列观⑬，礼节甚倨⑭，得璧，传之美人，以戏弄臣……"

(选自《史记·廉颇蔺相如列传》，有删节)

注释：

①章台：秦宫名，旧址在今陕西省长安县故城西南角。

②奏：进献。

③瑕：斑点。

④却立：倒退几步站立。

⑤负：凭仗。

⑥布衣之交：百姓之间的交往。布衣，平民。

⑦逆：拂逆，触犯。

⑧斋戒：一种礼节，古人在举行典礼或祭祀之前，洁身清心，以示虔诚。

⑨书：国书。

⑩庭：通"廷"，朝廷。

⑪严：尊重。

⑫修敬：整饰礼仪，表示敬意。

⑬列观（guàn）：一般的宫殿，此指章台。

⑭倨（jù）：傲慢。

【文意疏通】

秦王坐在章台宫接见蔺相如。相如捧璧献给秦王。秦王非常高兴，把和氏璧传给妃嫔及左右侍从看，群臣高呼"万岁"。蔺相如看出秦王没有要把城邑给赵国的意思，就走上前说："和氏璧上有一个小小的瑕疵，请让我指给大王看。"秦王把和氏璧交给蔺相如。蔺相如于是手持璧退后几步站定，背靠着柱子，怒发向上冲起了帽子，对秦王说："大王想要得到和氏璧，派人送信给赵王，赵王召集所有大臣们商议，大家都说：'秦国贪婪，倚仗它的强大，想用空话得到和氏璧，恐怕得不到给我们的城邑。'打算不将和氏璧给秦国。

我认为平民之间的交往尚且不相互欺骗,更何况是大国之间的交往呢?况且为了一块和氏璧的缘故,而触犯了强大秦国的欢心,也是不应该的。于是赵王斋戒了五天,派我捧着璧,在朝廷上将国书交给我。我为什么要这样呢?是尊重大国的威望而修饰礼仪表示敬意。现在我来到秦国,大王却在一般的宫殿接见我,而且礼节十分傲慢,得到和氏璧后又将它传给妃嫔们看,并以此来戏弄我……"

【义理揭示】

上文蔺相如的"布衣之交尚不相欺"这句话,深刻地揭示了人与人交往的本质是"不欺",作为一国之君,更应该要这样。蔺相如以自己的言行有力地对秦王的戏弄和傲慢给予了回击,不仅体现出智勇双全、有礼有节的使者形象,而且以一己之力保全了整个国家的利益。

本文中"且以一璧之故,逆强秦之欢,不可。"这句话启示我们:生活中人与人的交往,是不应该被外物所驱使的,我们要做到不以物伤性,就要永远保有一颗真诚和纯洁的本心,才能更好地实现人与人的和谐相处。

五 布衣之侠

【原文选读】

古布衣之侠,靡得而闻已。近世延陵①、孟尝、春申、平原、信陵之徒,皆因王者亲属,藉②于有土卿相之富厚,招天下贤者,显名诸侯,不可谓不贤者矣。比如顺风而呼,声非加疾③,其势激也。至如闾巷之侠，修行砥名④，声施⑤于天下，莫不称贤，是为难耳。然儒、墨皆排摈⑥不载。自秦以前，匹夫之侠，湮灭不见，余甚恨之。以余所闻，汉兴有朱家、田仲、王公、剧孟、郭解⑦之徒，虽时扞⑧当世之文罔⑨，然其私义廉洁退让，有足称者。名不虚立，士不虚附。至如朋党宗强⑩比周⑪，设财役贫⑫，豪暴侵凌⑬孤弱，恣欲自快，游侠亦丑之。余悲世俗不察其意，而猥⑭以朱家、郭解等令与暴豪之徒同类而共笑之也。

(选自《史记·游侠列传》)

注释：

①延陵：春秋时代吴国公子季札，被封于延陵，故称延陵季子。

②藉：依靠。

③疾：强，指声音洪亮。

④砥名：砥砺名节，提高名声。

⑤施：延及。

⑥排摈：排斥，抛弃。

⑦朱家、田仲、王公、剧孟、郭解：都是汉代的侠士。

⑧扞（hàn）：违。

⑨文罔：通"文网"，指法律禁令。

⑩朋党宗强：结成帮派的豪强。

⑪比周：互相勾结。比，近。周，合。

⑫设财役贫：倚仗自己的财富役使穷人。

⑬凌：侵犯。

⑭猥：谦辞，相当于"辱"，指降低身份。可以理解为"错误"。

【文意疏通】

古代的平民侠客，我没有听说过。近代延陵季子、孟尝君、春申君、平原君、信陵君这些人，都因为是君王的亲属，倚仗封国及卿相的雄厚财富，招揽天下的贤才，在各诸侯国中名声显赫，不能说他们不是贤才。这就好比顺风呼喊，声音并非更加洪亮，而听的人感到清楚，这是风势迅急的结果。至于闾巷的布衣侠客，修行品行，磨砺名节，好的名望传布天下，无人不称赞他的贤德，这是难以做到的。然而儒家和墨家都排斥扬弃他们，不在他们的文献中加以记载。从秦朝以前，平民侠客的事迹，已经被埋没而不能见到，我对此感到很遗憾。据我听到的情况来看，汉朝以来，有朱家、田仲、王公、剧孟、郭解这些人，他们虽然时常违反汉朝的法律禁令，但是他们个人的行为符合道义，廉洁而有退让的精神，有值得称赞的地方。他们的名声并非虚假地树立起来的，读书人也不是没有根据地附和他们的。至于那些结成帮派的豪强，互相勾结，倚仗财势奴役穷人，凭借豪强暴力欺凌孤独势弱的人，放纵欲望，自己满足取乐，这也是游侠之士认为可耻的。我哀伤世俗之人不能明察这其中的真意，却错误地把朱家和郭解等人与暴虐豪强之流的人视为同类，一样地加以嘲笑。

【义理揭示】

《游侠列传》是《史记》中的名篇之一，主要记述了汉代著名侠士朱家、剧孟和郭解等的史实。上文中司马迁实事求是地分析了不同类型的侠客具有的特征，充分地肯定了"布衣之侠""乡曲之侠""闾巷之侠"的言谈举止，赞扬了他们"其言必信，其行必果，已诺必诚，不爱其躯，赴士之厄困……"的高贵品质，并流露出对

"布衣之交"所表现出来的贤德,不能被规范地流传的哀叹与遗憾之情。

六 孙权劝学

【原文选读】

　　初,权谓吕蒙曰:"卿今当涂①掌事,不可不学!"蒙辞②以军中多务。权曰:"孤岂欲卿治经③为博士邪!但当涉猎,见往事耳。卿言多务,孰若④孤?孤常读书,自以为大有所益。"蒙乃始就学。及⑤鲁肃过寻阳,与蒙论议,大惊曰:"卿今者才略,非复吴下阿蒙!"蒙曰:"士别三日,即更⑥刮目相待⑦,大兄何见事之晚乎!"肃遂拜⑧蒙母,结友而别。

(选自《资治通鉴·孙权劝学》)

注释:

　　①当涂:当道,当权。

　　②辞:推托,推辞。

　　③经:指"五经",即《诗》《书》《礼》《易》《春秋》等书。

　　④孰若:哪里比得上,怎么比得上,表示反诘语气。

　　⑤及:到了……的时候,等到。

　　⑥更:重新。

　　⑦刮目相待:另眼相看,用新的眼光看待。刮目,擦擦眼。

　　⑧拜:拜访,拜见。

【文意疏通】

当初，孙权对吕蒙说："您现在担任要职，不可以不学习啊！"吕蒙以军中事务繁多为借口推辞了。孙权说："我难道要您研究经典成为博士吗？只要您广泛阅读，多见识从前的事情罢了。您说事务繁多，哪里比得上我呢？我常常读书，自己觉得有很大的收获。"于是吕蒙才开始学习。等到鲁肃经过寻阳的时候，跟吕蒙一起议论军事，他非常惊讶地说："您现在的才干谋略，不再是当年吴地的阿蒙！"吕蒙说："读书人离别三日，就应该重新另眼相看。大哥为什么这么晚才改变对我的看法呢！"鲁肃于是拜见吕蒙的母亲，与吕蒙结为好朋友以后才辞别。

【义理揭示】

本篇通过记述孙权劝勉吕蒙努力致学的故事，阐明了读书和学习的重要性以及坦诚相待的价值。一个人无论事务有多繁忙，都要不断地进行学习，正所谓"活到老学到老"。因为学习不仅可以增长见识和谋略，而且还可以提升自我修养，从而在相互激励中让对方改变对你的看法，甚至是刮目相看。文末"肃遂拜蒙母"的行为，表明了鲁肃与人交往注重的是，对方是否愿意不断学习和进步，以及是否有相同的志趣，能否坦诚相待，这些都是"布衣之交"中最可贵的品质。

七 疏广归乡设酒食

【原文选读】

广既归乡里，日令家共具设酒食，请族人故旧宾客，与相娱乐。数问其家金余尚有几所，趣①卖以共具。居岁余，广子孙窃谓其昆弟②老人广所爱信者曰："子孙几③及君时颇立产业基阯④，今日饮食费且尽。宜从丈人所，劝说君买田宅。"老人即以闲暇时为广言此计，广曰："吾岂老悖⑤不念子孙哉？顾自有旧田庐，令子孙勤力其中，足以共⑥衣食，与凡人齐。今复增益之以为赢余，但教子孙怠堕耳。贤而多财，则损其志；愚而多财，则益其过。且夫富者，众之怨也；吾既亡⑦以教化子孙，不欲益其过而生怨。又此金者，圣主所以惠⑧养老臣也，故乐与乡党宗族共飨⑨其赐，以尽吾余日，不亦可乎？"于是族人说⑩服。皆以寿终。

（选自《汉书·疏广传》，有删改）

注释：

①趣：通"促"，催促。

②昆弟：通"昆仲"，指兄和弟，比喻关系亲密友好。

③几：通"冀"，希望。

④阯：通"址"，指产业，家产。

⑤悖：惑乱，糊涂。

⑥共：通"供"，提供。

⑦亡：通"无"，不，不要。

⑧惠：敬辞，用于对方对待自己的行动，可以理解为给予恩惠。

⑨飨：通"享"，享受。

⑩说：通"悦"，高兴。

【文意疏通】

疏广回到乡里后，天天让家里摆设酒食，邀请族人老朋友及宾客，一起娱乐。他多次询问家里的余金还有多少，催家人去买东西回来供给酒肴。过了一年多，疏广的子孙私下对疏广喜爱和相信的老人说："子孙希望趁着他在世时多经营一点产业，如今每天这样饮食，家产将要用光。希望您能够到疏广家里去，劝说他买田治宅。"老人们在闲暇时，就跟疏广说了这些话，疏广说："我并不是老糊涂了，只是家里本有旧田老宅，让子孙勤于耕作，应该能够供其衣食，并与普通人相同。如今又增加了这么多盈余的钱财，它只能教子孙怠惰罢了。贤能而多有钱财，那么就会舍弃其志向；如果愚蠢而又多有钱财，那么就更助长了他们的过错。况且富人，那是众人所怨恨的啊；我既然没有办法来教化子孙，也不想助长他们的过错而招致怨恨。更何况这些金钱，是圣上恩赐我用来养老的啊，所以我希望与乡党宗族共享圣上的恩赐，来尽享我的余日，我这样做，难道不可以吗？"族人听了他的话心悦诚服。后来他就这样终老一生。

【义理揭示】

上文中疏广在处理家庭教育和人际交往等方面的一些方法和理念，看似不近情理，但他的一番说理和议论又使人如梦初醒。疏广虽然不富裕，但他知道自己想要的是什么。即与乡党宗族共享晚年的安乐生活，并懂得与民同乐。作为长者，他懂得怎样教化子孙，不给子孙留怨恨；作为族人，他更懂得平等地与乡党宗族共享圣上的恩赐。

更为重要的是疏广对待财富的态度:"贤而多财,则损其志;愚而多财,则益其过",让后代子孙安逸于舒适的环境中,就容易让他们丧失斗志,增长其过错,这对他们是有害无利的。只有让后人学会与民同乐,自食其力,才能更好地免于过错,远离怨恨,更好地享有普通人的乐趣。

八 伯牙与钟子期

【原文选读】

伯牙善鼓琴,钟子期善听。伯牙鼓琴,志在登高山,钟子期曰:"善哉,峨峨兮①若泰山!"志在流水,钟子期曰:"善②哉,洋洋③兮若江河!"伯牙所念,钟子期必得之。

伯牙游于泰山之阴④,卒⑤逢暴雨,止于岩下,心悲,乃援⑥琴而鼓之。初为霖雨之操⑦,更造崩山之音。曲每奏,钟子期辄穷其趣⑧。伯牙乃舍琴而叹曰:"善哉,善哉,子之听夫志,想象犹吾心也。吾于何逃声⑨哉?"

(选自《列子·汤问》)

注释:

①兮:语气词,相当于"啊"。

②善:好。

③洋洋:广大的样子。

④阴:山的北面。

⑤卒：通"猝"，猝然，突然。

⑥援：拿起。

⑦操：曲调。

⑧穷其趣：彻底地理解他的志趣。

⑨吾于何逃声：大意是我演奏的内容怎么也逃不过他的听觉。

【文意疏通】

伯牙是一位有名的琴师，他的琴术很高明，钟子期则善于欣赏音乐。伯牙弹琴的时候，想着自己在登高山，钟子期非常高兴地说："弹得真好啊！我仿佛看见了一座巍峨的大山！"伯牙又想着流水，钟子期又说："弹得真好啊！我仿佛看到了汪洋的江海！"伯牙每次想到什么，钟子期都能从琴声中领会到伯牙所想。

有一次，他们两人一起去泰山的北面游玩，游兴正浓的时候，突然天空下起了暴雨，于是他们来到一块大岩石下面避雨，伯牙心里突然感到很悲伤，于是就拿出随身携带的琴弹起来。开始弹奏连绵细雨的声音，后来又弹奏大山崩裂的声音。每次弹奏的时候，钟子期都能听出琴声中所表达的含义。伯牙于是放下琴感叹地说："好啊，好啊，你能想象出我弹琴时所想象的意境，我的琴声如何能逃得过你的听觉？"

【义理揭示】

本篇叙述了两位相互理解自己心意，有共同语言且志同道合的人的交往故事。他们在相互交往的过程中结下了深厚的友谊，用音乐共同上演了一场"高山流水"般的动人篇章。这则故事启示我们：人与人的交往不在于琴声有多么美好，而在于彼此能否读懂对方内心的所思所想，尊重彼此的内心感受和倾听彼此的声音，这样的交往是最真诚的，也是最崇高的。直到今天，人们还经常用"知音"一词来形容朋友之间的深厚情谊。

九 贾岛推敲

【原文选读】

贾岛初赴举，在京师。一日于驴上得句云："鸟宿池边树，僧敲月下门。"又欲"推"字，炼之未定，于驴上吟哦①，引手作推敲之势，观者讶②之。时韩退之权京兆尹③，车骑方出，岛不觉行至第三节，尚为手势未已。俄为左右拥至尹前。岛具对所得诗句，"推"字与"敲"字未定，神游象外，不知回避。退之立马久之，谓岛曰："'敲'字佳。"遂并辔④而归，共论诗道，留连累⑤日，因与岛为布衣之交。

(选自《诗话总龟》)

注释：

①吟哦：吟咏，歌唱。

②讶：对……感到惊讶。

③京兆尹：京城地方长官。

④辔（pèi）：驾驭牲口的嚼子和缰绳。

⑤累：连续。

【文意疏通】

贾岛初次参加科举考试，住在京城里。一天他在驴背上想到了两句诗："鸟宿池边树，僧敲月下门。"又想用"推"字来替换"敲"字，反复思考后最终还是没有定下来，便在驴背上继续吟咏，并伸出手来做着推和敲的姿势。行人看到贾岛这个样子都很惊讶。当时韩愈提任代理京城的地方长官，他正带车马出巡，贾岛不知不觉走到韩愈仪仗队的第三节，还在不停地做着推敲的手势。不一会儿就被韩愈左右的侍从推搡到京兆尹的面前。贾岛详细地回答了他正在酝酿的诗句，用"推"字还是用"敲"字没有确定，思想离开了眼前的事物，就不知道要回避。韩愈停下车马，仔细思考了好一会儿，就对贾岛说："用'敲'字好。"于是两人并排驾着马车回家，还一起议论作诗的方法，一连好几天都舍不得离开，韩愈因此与贾岛结下了深厚的友谊。

【义理揭示】

唐代李延寿说："布衣之交不可忘。"贾岛本是一个和尚，穿的是衲衣，即有补丁的衣服，身份是布衣之人，但他和韩愈能成为非常要好的朋友，正是源于"推敲"这一典故。贾岛在为句中是用"推"还是"敲"字犹豫不决的时候，身为京兆尹的韩愈正好路过，他没有因为自己的身份特殊而以权势骄人，而是表现出一种平等相待的交往态度，因此才有了"僧敲月下门"的佳句。

这则故事启示我们：无论我们做什么事，都要反复琢磨，仔细斟酌，从而不断完善自己，彼此之间也要以诚相待，坚守共同的志趣，才能真正达到"布衣之交不可欺"的境界。

十 三顾茅庐

【原文选读】

臣本布衣，躬耕于南阳，苟全性命于乱世，不求闻达①于诸侯。先帝不以臣卑鄙②，猥自枉屈③，三顾臣于草庐之中，咨臣以当世之事，由是感激，遂许先帝以驱驰④。后值倾覆，受任于败军之际，奉命于危难之间，尔来二十有⑤一年矣。

先帝知臣谨慎，故临崩寄臣以大事⑥也。受命以来，夙夜忧叹，恐托付不效，以伤先帝之明，故五月渡泸，深入不毛⑦。今南方已定，兵甲已足，当奖率三军，北定中原，庶竭驽钝⑧，攘除奸凶⑨，兴复汉室，还于旧都。此臣所以报先帝而忠陛下之职分也。至于斟酌损益⑩，进尽忠言，则攸之、祎、允之任也。

愿陛下托臣以讨贼兴复之效，不效，则治臣之罪，以告先帝之灵。若无兴德之言⑪，则责攸之、祎、允等之慢⑫，以彰其咎；陛下亦宜自谋，以咨诹善道⑬，察纳雅言。深追先帝遗诏，臣不胜受恩感激。

（选自《出师表》）

注释：

①闻达：显达扬名，扬名显贵。

②卑鄙：地位、身份低微，见识短浅。卑，身份低微；鄙，地处偏远。

③猥（wěi）自枉屈：降低身份，委屈自己。猥，辱，这里有降低身份的意思。枉屈，枉驾屈就。

④驱驰：奔走效劳。

⑤有：通"又"，跟在数词后面表示约数。

⑥临崩寄臣以大事：刘备在临死的时候，把国家大事托付给诸葛亮，并且

对刘禅说:"汝与丞相从事,事之如父。"临,将要,临近。

⑦不毛:不长草木,这里指人烟稀少的地方。毛,指庄稼。

⑧庶:希望。竭:竭尽。驽(nú)钝:比喻才能平庸,这是诸葛亮自谦的话。驽,劣马,走不快的马,指才能低劣;钝,刀刃不锋利。

⑨攘(rǎng)除:排除,铲除。奸凶:奸邪凶恶之人,此指曹魏政权。

⑩斟酌损益:考虑事情是否可行,采取适当措施。损,除去;益,增加。

⑪兴德之言:发扬陛下恩德的忠言。

⑫慢:怠慢,疏忽,指不尽职。

⑬咨诹(zōu)善道:询问治国的良策。诹,询问,咨询。

【文意疏通】

我本来是个平民,在南阳亲自种地,只希望在乱世里苟且保全性命,不奢望在诸侯中扬名显达。先帝不因为我身份低微,见识浅陋,反而降低身份,委屈自己,三次到草庐来拜访我,向我询问当时的大事,我因此感奋激发,就答应为先帝奔走效劳。后来正赶上兵败,在军事上失败的时候我接受了重任,在危难紧迫的关头接受命令,至今已有二十一年了。

先帝知道我办事谨慎,所以临终的时候,把国家大事托付给我。我接受任命以来,早晚忧虑叹息,唯恐托付给我的大事做得没有成效,而有损于先帝的英明,所以五月渡过泸水,深入到不长庄稼的荒凉地方。现在南方的叛乱已经平定,武器装备已经充足,应该勉励并率领三军北上平定中原。我希望竭尽我有限的才能,去铲除那些奸邪凶恶的敌人,复兴汉室,迁回旧都洛阳。这是我报答先帝、忠于陛下的职责。至于处理事务斟情酌理,有所兴革,进献忠言,那是郭攸之、费祎、董允等人的责任了。

希望陛下把讨伐曹魏兴复汉室的任务交付给我,如果没有成效,就请您治我的罪,来告慰先帝在天之灵。如果没有发扬圣德的忠言,就应当责罚郭攸之、费祎、董允等人的怠慢失职,揭示他们的过失;陛下也应该自行谋划,征询治国的良策,识别、采纳正确的言论,深切追念先帝的遗命。如果您能这么做,那么我就感恩戴德感激不尽了。

【义理揭示】

　　本文中"苟全性命于乱世,不求闻达于诸侯"一句很好地体现和诠释了"平民本色"的思想内涵,这也是获得先帝赏识和尊重的重要基础。本篇作者以恳切的言辞,针对当时的局势,反复劝勉后主刘禅要继承先主刘备的遗志,开张圣听,赏罚严明,亲贤远佞,以完成"兴复汉室"的大业,无不表现出诸葛亮作为一介平民,对先帝知遇之恩的感怀之情、对"北定中原"的坚强意志和决心,以及对蜀汉忠贞不贰、以身许国的崇高精神。

文化倾听

　　"布衣之交"最先出自《战国策·齐策》:"卫君与文布衣交,请具车马皮币,愿君以此从卫君游。"原指显贵与平民之间的交往,后来是指普通百姓之间的交往和友谊,特别是贫寒好友之间的交往。布衣,本指麻布衣服,后借指平民。古代的平民不能衣锦绣,多穿布衣,故称。汉代桓宽《盐铁论·散不足》:"古者庶人耋老而后衣丝,其余则麻枲而已,故命曰布衣。"诸葛亮《出师表》:"臣本布衣,躬耕于南阳,苟全性命于乱世,不求闻达于诸侯。""布衣之交"亦作"贫贱之交",后借指老百姓或普通人之间的交往。

上文中孟尝君与门客舍人的故事,的确是一段佳话,开创了显贵与平民交往的先河。《南史·刘悛传》中记载:南朝齐武帝萧赜,原来和刘悛交情很深,经常在刘悛家谈至深夜。萧赜当了皇帝后,还经常到刘悛家去,和从前一样谈笑。有一次,刘悛陪萧赜登蒋山,萧赜感叹地说:"贫贱之交不可忘,糟糠之妻不下堂。"随后,又对刘悛说:"说的就是咱俩啊,人们说富贵以后感情就会有变化,可你我始终保持布衣时的交情。"这里的"布衣"是指没有当官的文人,不要理解为穷人。后人常用这个典故来形容不以权势骄人,始终平等相待的交往。西汉时期司马迁在《史记·廉颇蔺相如列传》中说:"臣以为布衣之交尚不相欺,况大国乎!"说的就是布衣之间的交往和国家之间的交往,两者的道理是一样的,都是以"不欺"为前提和原则。

所谓"患难之中见真情"。苏轼一生跌宕起伏,既有殿堂之上的纵横捭阖,也有贬谪天涯的人生无常。可是无论走到哪里,苏轼的交友都极其广泛,上至达官显贵,下至黎民百姓,到处都有他的知心朋友。然而,对他的人生观产生重大影响的,反而是乡野村夫、贩夫走卒、和尚道士一类的平民百姓。他的同乡中有一个名叫巢谷的人,在苏轼被贬到儋州之后,只身从四川老家徒步到千里之外的海南岛看他,并最终病倒在路上,苏轼为此感到十分痛心。

苏轼卧病常州时,与他同事仅3个月的幕僚钱世雄天天陪伴在他身边,并成了苏轼临终可以托付的人。对于钱世雄这样一个本来素昧平生的同事,苏轼却给予了极大的信任,这是为什么呢?那是因为患难之中见真情。直到苏轼去世,钱世雄一直陪伴在他的身边。后来,钱世雄因为和苏轼之间如此亲密的关系,被朝廷彻底抛弃了，最后贫病而死。

可见，布衣之中也有君子，上文中所说的巢谷和钱世雄两人，就是布衣中的两大君子。他们既没有权力，又没有金钱，更不可能改变他人的命运，但他们通过交好与亲近的方式，改善了苏轼比较糟糕的处境。苏轼在这些人身上得到了在落魄生活中最基础、最简单的那种温情，这使得苏轼在很困难的时候，不至于对人生丧失信心，也不至于对这个世界失去信心。正是由于苏轼不断身处人生的大起大落中，这样的"布衣之交"，在人生的每个阶段，特别是在最困难的时期，往往显得弥足珍贵。

同样，这样的故事也发生在我们的身边。2014年4月20日《光明日报》刊登了习近平同志忆故友贾大山的旧文《忆大山》，文章深情地回忆了习近平同志与作家贾大山之间的交往旧事。当年习近平同志来河北正定工作后，慧眼识珠，发现贾大山先生是个不可多得的人才，于是"三顾茅庐"，请他出山担任正定县文化局局长。贾大山先生果然不负重托，把文化局带领得风清气正。他上任9年，局里没有一笔吃喝账。习近平同志看重贾大山先生的人品和文品，和他结下了深厚的友谊。习近平同志离开正定后，经常给贾大山先生写信，关心他的创作和工作情况。1995年贾大山先生罹患重病，到北京协和医院做诊断检查时，习近平同志利用到北京开会的机会，亲自到医院看望贾大山先生，并送去一个精心扎制的花篮。那浅黄的迎春、乳白的百合、嫩红的康乃馨……让病房的空气也变得清新了。在那一刻，贾大山先生的心情是最欢快的，仿佛那可恶的病魔已离他远去了。贾大山先生去世后，远在福建的习近平闻讯发来唁电，并托人送去了花圈。之后，他又撰写了悼念文章《忆大山》。

习近平同志与贾大山先生之间真挚的友谊，在感动了无数人的同时，也反映出习近平同志重情重义、正直善良、勤政敬业、光明磊落的高尚品格，体现了"君子之交淡如水"的境界。

习近平同志尊贤重士、求贤若渴的态度，对大力弘扬、尊重和爱护人才的优良传统，对当前更好地尊重知识、尊重人才，对促进人与人之间更好的交往，对实现中华民族伟大复兴的中国梦，无疑有着特别重要的现实意义。

文化传递

平民，就是普普通通的人民。由你、我、他共同组成，在普通环境中生活着，过着普通人的生活。平民不仅仅是阶层标准问题，更是生活态度问题。他们存在于生活和世界的每一个角落，值得我们用心去感受。他们身上有美也有丑，有善也有恶，有欢乐也有悲伤。我们应具有平民意识和感恩情怀，展现出普通人身上最美好的东西和最真实的世界。

纳兰性德希望自己能像平民那样，过一种自由自在的生活，他所向往的生活平实、纯粹而又简单。他最大的心愿就是，有爱妻朝夕相处，有朋友经常往来，坐看花开花落，闲观云卷云舒。这种超然物外、宁静致远和淡泊明志的生活，是纳兰性德一生的向往。

而作为康熙大帝的御前一等侍卫，权臣的儿子，清朝贵族的公子，纳兰性德却不得不过着另一种生活。他只能陪伴在康熙大帝的左右，鞍前马后，四处奔忙。在别人眼里，纳兰性德可谓占尽了风光和荣耀，但纳兰性德却没有一丝的得意和张狂。当他和康熙大帝一道顾盼江山时，他飘忽的目光，就像游离的云朵载着无言的惆怅，他一点也不喜欢这种官场生活，他甚至对政治有点厌恶，他向往着一种自由自在的生活。然而，他却被命运羁绊着，不得不成为皇帝御座前的一个尊贵的小摆设。

与纳兰性德的平民情怀相比，蜀汉时期南中四郡之中益州郡的南国公主，从小就喜欢农林耕作，不爱与官宦子弟交往，常与平民百姓打成一片，尤其喜欢茶树茶叶，深得当地茶农百姓的爱戴。公元225年曾与"七擒孟获"的蜀中丞相诸葛亮有过一面之缘，对诸葛亮的平南及后续安抚政策产生了重要的影响。

当英国王子威廉完成世纪大婚时，全世界的目光都聚集在平民王妃凯特的身上。不过在对英国的女性调查时，却有86%的人并不羡慕凯特，并且表示即便有机会也不愿意与她互换身份，理由是"她再也无法过上普通人的生活了"。在英国女性的眼中，平民姑娘凯特虽然贵为王妃，却要失去许多平民生活的宝贵东西，包括自由自在、无拘无束，包括想笑就开怀大笑，想恨就发泄一通，甚至是不必强迫自己去参加不喜欢的活动，不必担心个人私生活会泄露出去，以至于闹得沸沸扬扬，也不会有"狗仔队"猎取他们的泳装照之类。因此，社会群体中的每一个人都是平等的，只不过角色不同而已。

也许有人会说，平民情怀应该是针对"非平民"而言的，对于普通人，谈不上平民情怀。这样的理解听上去似乎不无道理，但是，现实却让我们不知所措。因为，当今时代，能以真诚关注普通百姓的生存状态，自觉尊重维护普通百姓各种权力的普通人并不多，普通人身上的这种"平民情怀"正在逐渐消退。而《老王》的作者杨绛先生，她作为一个文化人，能从"幸与不幸"的对比与思考中，不断地增强对平民身份的认同、对平民生活的理解、对平民苦难的同情和对平民情怀的敬畏，并深深地意识到自己身上的社会责任感、自我反省和自我剖析的精神。正是这种独特的平民意识，才能传递和折射出她内心悲天悯人的高尚情怀。

余秋雨曾在《文化苦旅》中写道："中国文化中极其夺目的一个部位可称之为'贬官文化'。"而"贬官文化"只是"平民文化"的一个部分。所谓"平民"者，乃是指无官之人。在他看来，平民又可大致分为两类：一是指与"官"字边儿都沾不上的人，这类人包括极多。像落榜的、不想做官的、终生潦倒的、家道中落的……这些都是货真价实的"平民"；第二类就是"被贬官"的，他们厌恶官场，渴望自由、自然和平淡的平民生活，有对平民生活的向往，内心具有比较强烈的平民意识。

因此，平民意识的本质是以人为本的人文思想，它肯定人的价值、人的存在，提倡的是人文精神和人文关怀。在此基础上形成的"民"的思想，从某种意义上说，应是一种人人平等的思想，平等交流、平等面对，这无疑是社会文明进步的表现，也是时代发展的价值和文化主流。

文化感悟

1. 在我国传统文化的思想观念中，"布衣之交不可欺"的思想内涵是什么？

2. 随着时代的发展，"布衣之交"的内涵与要求也在不断变化，请结合自身经历，谈谈你对"布衣之交中也有君子"这一思想观点的理解。

第六章　生死之交

文化典籍

一　朋友之馈

【原文选读】

朋友死，无所归①，曰："于我殡。"

朋友之馈，虽车马，非祭肉②，不拜。

(选自《论语·乡党》)

注释：

①归：归宿，这里指后事的安排，如装殓、发丧、埋葬等。
②祭肉：指祭祀祖先用的胙（zuò）肉。

【文意疏通】

朋友死了，没有亲人将他收殓安葬。孔子说："让我来为他料理丧事吧。"

孔子接受了朋友赠送的礼物，即使是车辆、马匹那样贵重的东西，如果不是祭肉，孔子也不会行拜礼致谢。

【义理揭示】

就个体生命而言，人的生命只有一次，人死不能复生，所以儒家非常注重和讲究对死者的哀思和丧祭。本文中孔子对朋友的临终关怀，可谓一片赤忱。《礼记》中说："父母在，馈献不及车马。"意思是说车马因为贵重，所以是否馈赠，还是要父母来做主。而馈赠祭拜过祖先之后的胙肉，则代表的是把你当成家族里的朋友。在祭拜祖先的时候，还能想到我这个朋友，这就是情意深厚，理当要拜谢。

儒家重视人伦，也就是人际关系的祥和有序，这是由人类的社会性所决定的。因此，儒家总结出社会运行中最为重要的五种人际关系——五伦，朋友即为其中"一伦"。将朋友与君臣、父子、兄弟、夫妇关系并列看重，足见对于朋友关系的重视。然而，孔子所说的朋友，是指志同道合之人。孔子的交友之道，不以物质利益为重，而是十分看重精神文化的交流，视富贵如浮云，才会有不顾一切为朋友做发丧的事情，才会有赤诚相待、重礼不拜的事情。

二 成子高寝疾

【原文选读】

成子高①寝疾。庆遗②入请③曰："子之病革矣，如至乎大病④，则如之何？"子高曰："吾闻之也，生有益于人，死不害于人。吾纵生无益于人,吾可以死害于人乎哉⑤!我死,则择不食之地⑥而葬我焉。"

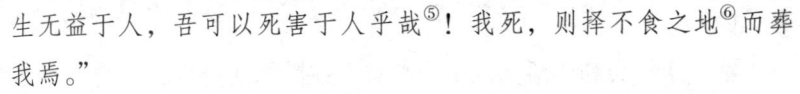

(选自《礼记·檀弓》)

注释:

①成子高:国子高,齐国大夫。
②庆遗:齐国人。
③请:询问。
④大病:重病,这里是对死亡的委婉说法。
⑤乎哉:表示反问的语气词,相当于"呢"。
⑥不食之地:不长庄稼的土地。

【文意疏通】

成子高患病倒在床上。庆遗进屋后问他说:"您的病已很危急了,如果再这样发展下去,后事该怎么办呢?"子高说:"我听说过,活着的时候要对人有益,死了也不要害人。我纵然在活着的时候无益于人,难道死了还要危害于人吗?我死之后,你就找一块不长庄稼的田地把我埋了吧。"

【义理揭示】

无论是生还是死,都要对人有益。古人说:"落红不是无情物,化作春泥更护花。"上文中成子高与龚自珍对生死的看法,或许有一点是相通的,那就是做人应当替他人着想,敢于牺牲自己,哪怕是死了也要有益于他人。这或许是一种无私的奉献精神吧!倘若人人都像落红、春蚕、红烛一样默默地奉献,自然是很高尚、很伟大的。倘若只想着别人来付出,自己则独享别人的奉献,这或许是不可以的吧！

在现实社会和生活交往中，总有人在默默地付出，也总有人在安享别人的奉献，甚至还挖空心思地窃取。如果都像文中的成子高那样，那么还会有人害怕死吗？

三 死而冠不免

【原文选读】

初，卫灵公有宠姬曰南子。灵公太子蒉聩得过①南子，惧诛出奔。及灵公卒而夫人欲立公子郢。郢不肯，曰："亡人太子之辄在。"于是卫立辄为君，君是为出公。出公立十二年，其父蒉聩居外，不得入。子路为卫大夫孔悝之邑宰。蒉聩乃与孔悝作乱，谋入孔悝家，遂与其徒袭攻出公。出公奔鲁，而蒉聩入立，是为庄公。方孔悝作乱，子路在外，闻之而驰往。遇子羔卫城门，谓子路曰："出公去矣，而门已闭，子可还矣，毋空②受其祸。"

子路曰："食③其食者不避其难。"子羔卒去。有使者入城，城门开，子路随而入。造④蒉聩，蒉聩与孔悝登台。子路曰："君焉用孔悝？请得而杀之。"蒉聩弗听。于是子路欲燔⑤台，蒉聩惧，乃下石乞、壶黡攻子路，击断子路之缨⑥。子路曰："君子死而冠不免。"遂结缨而死。

孔子闻卫乱，曰："嗟乎，由死矣！"已而果死。故孔子曰："自吾得由，恶言不闻于耳。"是时子贡为鲁使于齐。

（选自《史记·仲尼弟子列传》，有删改）

注释：

①得过：得罪，其事详见卷三十七《卫康叔世家》。

②空：白白地。

③食：作动词，吃着粮食。

④造：往，到……去。

⑤燔（fán）：焚烧。

⑥缨：系在颔下的冠带。

【文意疏通】

当初，卫灵公有位宠姬名叫南子。灵公的太子蒉聩曾得罪过她，害怕被谋杀就逃往国外。等到灵公去世后，夫人南子想让公子郢继承王位。公子郢不肯接受，说："太子虽然逃亡了，太子的儿子辄还在。"于是卫国立了辄为国君，这就是卫出公。出公继位十二年，他的父亲蒉聩一直留在国外，不能够回来。这时候，子路担任卫国大夫孔悝采邑的长官。蒉聩就和孔悝一同作乱，想办法带人潜入孔悝家，就和他的党徒去袭击卫出公。出公逃往鲁国，蒉聩进宫继位，这就是卫庄公。当孔悝作乱时，子路还有事在外，听到这个消息就立刻赶回来。子羔从卫国城门出来，正好相遇，对子路说："卫出公逃走了，城门已经关闭，您可以回去了，不要为他遭受祸殃。"

子路说："吃着人家的粮食就不能回避人家的灾难。"子羔终于离去了。正赶上有使者要进城，城门开了，子路就跟了进去。找到蒉聩，蒉聩和孔悝都坐在台上。子路说："大王您为什么要任用孔悝呢？请让我捉住他杀了吧。"蒉聩不听从他的劝说。于是子路要放火烧台，蒉聩害怕了，于是叫石乞、壶黡到台下去攻击子路，斩断了子路的帽带。子路说："君子可以死，但是帽子不能掉下来。"说完系好帽子就死了。

孔子听到卫国发生暴乱的消息后，说："哎呀，仲由死了！"不久，果真传来了他的死讯。所以孔子说："自从我有了仲由，恶言恶语的话再也听不到了。"这时，子贡正为鲁国出使到了齐国。

【义理揭示】

"食其食者不避其难""君子死而冠不免"，这样的子路，看上去似乎有些"迂"，但子路对于自己所信从的道理，是有绝对的实践欲望和贯彻意志的。他绝不会因为惮于他人的眼光而中断自己所实行和信仰的东西，他愿意为礼而不顾生命安危，他只在乎"道"有没有得到真正的落实和贯彻。

本篇中子路在生死攸关的时刻，还念念不忘去"结缨"，在那个"礼崩乐坏"的时代，"以身殉道"的他，无疑算是异类了。但是，也只有这样大义凛然、舍生取义的大丈夫，才能不断地激励后世之人。也正是因为有了这些"迂腐"的子路们，我们所津津乐道的历史，才会变得如此让人敬畏和惊叹，即便有一点"迂"，又何足以病哉！

四 刎颈之交

【原文选读】

于是舍人相与[①]谏[②]曰："臣所以去亲戚而事君者，徒慕君之高义也。今君与廉颇同列[③]，廉君宣恶言，而君畏匿之，恐惧殊甚。且庸人尚羞之，况于将相乎！臣等不肖[④]，请辞去。"蔺相如固止之，曰："公[⑤]之视廉将军孰与[⑥]秦王？"曰："不若也。"相如曰："夫以秦王之威,而相如廷叱之,辱其群臣。相如虽驽⑦,独畏廉将军哉?顾吾念之,强秦之所以不敢加兵于赵者,徒以吾两人在也。今两虎共斗,其势不俱生⑧。吾所以为此者,以先国家之急而后私仇也。"

廉颇闻之,肉袒负荆⑨,因⑩宾客至蔺相如门谢罪,曰:"鄙贱之人⑪,不知将军⑫宽之至此也!"

卒⑬相与欢,为刎颈之交。

(选自司马迁《史记·廉颇蔺相如列传》,有删改)

注释:

①相与:共同,一起。

②谏:规劝君主、尊长或朋友,使改正错误。

③同列:指二人同为上卿。

④不肖:不贤,不才。

⑤公:敬称对方之词。

⑥孰与:与……相比,怎么样,表示疑问语气。

⑦驽:劣马,比喻庸碌无能。

⑧不俱生:俱,共同,都。即不能都活命,谓必有一死。

⑨负荆:背着荆条,表示愿受鞭打。

⑩因:经由,通过。

⑪鄙贱之人:自责之词,鄙陋卑贱的人。

⑫将军:当时上卿职兼将相,故蔺相如也可称将军。

⑬卒:终于。

【文意疏通】

于是,相如的门客就一起规劝他说:"我们离开亲人来侍奉您,不过是因为仰慕您的高尚品德啊。现在您与廉颇职位相同,廉将军口出恶言,您却因害怕而躲避他,而且怕得太过分了。就是普通人对这种情况也感到羞耻,更何况是将相呢!我们这些人没有才能,请允许我们告辞离开吧!"蔺相如坚决挽留他们,说:"你们看廉将军与秦王相比哪一个厉害?"门客回答说:"廉将军不如秦王厉害。"相如说:"以秦王那样的威势,我蔺相如却敢在秦国的朝廷上呵斥他,羞辱他的群臣。相如虽然才能低下,难道只是因为害怕廉将军才躲避他吗?只不过我想到,强大的秦国之所以不敢轻易对赵国用兵,只是因为有我们两个人在啊!现在如果两虎相斗,势必不能共存。我这样做,是以国家之急为先而以私仇为后啊!"

廉颇听到这话,就脱去上衣,露出上身,背着荆条,由宾客引导到蔺相如家的门前请罪,并且对他说:"我这个粗野卑贱的人,想不到将军宽容我到这样的地步啊!"

两人终于和好,成为生死与共的朋友。

【义理揭示】

蔺相如与廉颇因为职位的高下,两人之间发生了激烈的矛盾,而产生矛盾的主要原因在于他们的出发点有所不同。廉颇因为个人利益受到损害而愤愤不平,而蔺相如却选择以国家安危为重,以个人利益为轻,宽以待人。文中蔺相如力避冲突、化敌为友的做法,既保证了国家利益不受损失,又保证了两个当事者的利益不受损害,实现了国家和个人利益的最大化。

这则故事启示我们:生活中纵使有再大的矛盾,只要我们及时地、清醒地认识自己,顾大局识大体,宽厚待人,并把个人利益、生死荣辱等置之度外,就可以有效地避免矛盾冲突,而且还能化敌为友,结交到生死与共的好朋友。

五 管仲与鲍叔牙

【原文选读】

　　管仲夷吾者,颍上人也。少时常与鲍叔牙游①,鲍叔知其贤。管仲贫困,常欺②鲍叔,鲍叔终善遇之③,不以为言。已而鲍叔事齐公子小白,管仲事公子纠。及小白立为桓公,公子纠死,管仲囚焉。鲍叔遂进④管仲。

　　管仲既用,任政于齐,齐桓公以霸,九合诸侯,一匡天下,管仲之谋也。管仲曰:"吾始困时,尝与鲍叔贾,分财利多自与,鲍叔不以我为贪,知我贫也。吾尝为鲍叔谋事而更穷困⑤,鲍叔不以我为愚,知时有利不利也。吾尝三仕三见逐于君,鲍叔不以我为不肖,知我不遭时也。吾尝三战三走,鲍叔不以我为怯,知我有老母也。公子纠败,召忽⑥死之,吾幽囚受辱,鲍叔不以我为无耻,知我不羞⑦小节,而耻⑧功名不显于天下也。生我者父母,知我者鲍子也!"鲍叔既进管仲,以身下之⑨。子孙世禄于齐,有封邑者十余世,常为名大夫。天下不多管仲之贤,而多⑩鲍叔能知人也。

(选自司马迁《史记·管晏列传》,有删改)

注释:

①游:与……交往。

②欺:指多占便宜。

③善遇之:友好地对待他。

④进:举荐。

⑤更穷困：使……更加困窘。

⑥召忽：人名，辅佐公子纠兵败而死。

⑦羞：形容词作意动用法，认为……羞耻。

⑧耻：形容词作意动用法，认为……可耻。

⑨以身下之：把自己置身于管仲之下。

⑩多：赞扬。

【文意疏通】

管仲，名夷吾，是颍上人。青年时经常与鲍叔牙交往，鲍叔知道他有贤才。管仲家境贫困，经常占鲍叔牙的便宜，鲍叔却一直很好地对待他，不将这事声张出去。后来鲍叔辅佐齐国的公子小白，管仲服侍公子纠。到了公子小白立为桓公的时候，公子纠被杀死，管仲也被囚禁。鲍叔就向桓公极力举荐管仲。

管仲被录用以后，在齐国掌理政事，齐桓公因此而称霸，多次会合诸侯，匡救天下，都是管仲的谋略。管仲说："当初我贫困的时候，曾经同鲍叔一道做过买卖，分财利往往自己多得，而鲍叔不把我看成贪心的人，他知道我贫穷。我曾经替鲍叔出谋划策，结果把事情弄得更加困窘和无法收拾，而鲍叔不认为我愚笨，他知道时机有利与不利。我曾经多次做官又多次被国君斥退，鲍叔不拿我当无能之人看待，他知道我没遇上好时运。我曾经多次打仗多次退却，鲍叔不认为我是胆小鬼，他知道我家中还有老母。公子纠争王位失败之后，我的同事召忽为此自杀，而我被关在深牢中忍辱苟活，鲍叔不认为我无耻，他知道我不会为失小节而羞耻，却为功名不曾显耀于天下而耻辱。生我的是父母，了解我的是鲍叔啊！"鲍叔荐举了管仲之后，甘心位居管仲之下。他的子孙世世代代享受齐国的俸禄，有封地的就有十几代人，常常是著名的大夫。天下人不称赞管仲的贤能，而称赞鲍叔善于识别人才。

【义理揭示】

春秋时期，鲍叔牙和管仲是好朋友，他们彼此相知很深，两人之间结下的深厚友情已经成为历史上代代相传的佳话。人们常常用"管鲍之交"来形容自己与好朋友之间亲密无间、彼此信任的情谊。"救朋友"是道义，如果再推及到对朋友的知遇之恩，那就是一种高尚的情怀了。

在回忆起这一段与鲍叔牙交往的经历时，管仲对鲍叔牙感激不尽，念念不忘自己早年的不义之举。正因为有这么一段经历，管仲才真正领悟到"仓廪实而知礼节，饭食足而知荣辱"的道理。愿天下之人，在交往的过程中都能遇到属于自己的那个"鲍叔牙"。

六 荀巨伯看友人疾

【原文选读】

荀巨伯远看友人疾，值胡①贼攻郡。友人语巨伯曰："吾今死矣，子可去！"巨伯曰："远②来相视③，子令吾去，败义以求生，岂荀巨伯所行耶？"贼既至，谓巨伯曰："大军至，一郡尽空，汝何男子，而敢独止？"巨伯曰："友人有疾，不忍委④之，宁以我身代友人命。"贼相谓曰："我辈无义之人，而入有义之国。"遂班⑤军而还，一郡并获全。

(选自刘义庆《世说新语·德行》)

注释：

①胡：古代泛指居住在北部和西北部的少数民族。

②远：作状语，从远方。

③相视：看望你。相，用在动词前面，表示动作偏指一方，相当于"你"。

④委：舍弃，抛弃。

⑤班：调动，调回。

【文意疏通】

荀巨伯从远方来探望朋友的病情，恰逢外族敌寇攻城。荀巨伯的朋友对他说："我如今就要死了，你可以离开了！"荀巨伯说："我从远方来探望你，你却让我离开，毁弃道义而苟且偷生，这难道是我荀巨伯的所作所为吗？"不久，敌寇已经到了，对荀巨伯说："我们的大军到了，整个城都空了，你是什么样的人，竟敢独自留在这里？"荀巨伯说："我的朋友身患重病，我不忍心舍弃他，我宁愿用我的性命来换取朋友的性命。"敌寇听了他的话，互相说道："我们这些不懂道义的人，却侵入了这么讲仁义的国家。"于是调动军队回去了，整个城都因此获救。

【义理揭示】

荀巨伯远道而来探望生病的朋友，正巧遭遇敌寇攻击，却不忍心舍弃患病的友人。他对待朋友"宁以我身代友人命"的态度，显示出了"患难见真情"的可贵，表现了荀巨伯为了朋友，不怕牺牲，而看重友情的表现。在死亡面前他把友情看得比生命还重要，其独有的"道义至上，诚信第一"的高尚品质以及仁义之心，让人为之动容。

从故事中我们能感受到，荀巨伯用自己的言行告诉那些入侵的外族敌寇，做人要讲义气、不背叛仁义与道德，方可获得他人的赏识与尊重，最终成就道义之人和仁义之国。

七 钱金玉舍生取义

【原文选读】

　　钱金玉官松江千总①，性刚果，尚廉节。道光壬寅②鸦片衅③起，钱方假归省亲④，闻讯，即束装起行。其亲友尼⑤之曰："军事方急，祸福不可知。君方在假，上官又未有文檄趣⑥君往，何急急为？"钱不听。既至吴淞，从守西炮台，与部卒同饮食卧起，以力战相勖⑦。及东炮台陷，弹丸咸集于西炮台。钱奋勇督战，喋血⑧数小时，左臂中三弹，曾不少却⑨。其近卒泣陈⑩："公有老母在，不可死。"笑谢曰："焉⑪有食国之禄而逃其难者乎？幸⑫勿为吾母虑也！"未几，一弹来，中左乳，遂仆。弥留之际，犹大呼"贼奴误国"不置⑬。

（选自《清稗类钞》，有删改）

注释：

　　①千总：清朝武官名称。

　　②道光壬寅：指公元 1842 年。道光，清宣宗年号。

　　③衅（xìn）：此指战祸。

　　④方假归省（xǐng）亲：正在休假回家探亲。

　　⑤尼：阻止。

　　⑥趣（cù）：通"促"，催促。

　　⑦勖（xù）：勉励。

⑧喋（dié）血：流血满地。

⑨曾不少却：竟然没有稍微后退一步。少，通"稍"，稍稍。

⑩泣陈：一边哭一边说。

⑪焉：句首疑问代词，怎么，哪里。

⑫幸：动词，希望。

⑬置：停止。

【文意疏通】

　　钱金玉担任松江县的千总，性情刚毅果敢，崇尚廉洁的气节。道光壬寅年间鸦片战争爆发。钱金玉正在休假回乡探亲，听到这一消息，立即收拾行装准备动身。他的亲友阻止他说："战事正紧急，是祸是福不可知晓，您正在休假，上级官员又没有文件催促您前去，为什么急急忙忙地赶回去呢？"钱金玉不听，回到吴淞口后，就跟从军队守卫西炮台，和士兵一起吃饭睡觉，一起行动，他们用努力作战的话相互勉励。等到东炮台沦陷后，枪弹炮弹全都落到了西炮台。钱金玉奋勇指挥战斗，浴血奋战几个小时，左臂中了三弹，竟然没有后退一步。他身边的士兵哭着说："您有老母亲在，不能死啊。"钱金玉笑着辞谢说："哪里有享受国家俸禄却躲避国家灾难的人呢？希望你不要为我的母亲担心。"不久，一颗枪弹飞来，击中了他的左胸，于是他倒下了。在临死的时候，他还不停地大声呼喊"卖国贼害了国家"。

【义理揭示】

　　钱金玉为抗击外来侵略者，舍生取义，保持高尚的气节，真可谓民族大英雄，其行为可歌可泣。对于现代人理解生命的价值和爱

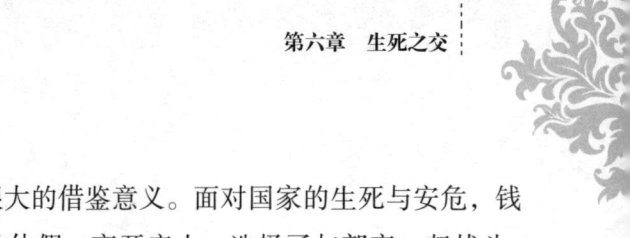

国主义的内涵,具有很大的借鉴意义。面对国家的生死与安危,钱金玉毅然放弃了自己的休假,离开亲人,选择了与部卒一起战斗。在临死的时候,钱金玉仍不忘国家和道义,表现出崇高的民族气节和坚贞的爱国主义精神。

八 范巨卿与张元伯

【原文选读】

　　范式,字巨卿,山阳金乡人也。一名汜。……与汝南张劭为友,劭字元伯,二人并告归乡里,式谓元伯曰:"后二年当还,将过拜尊亲,见孺子焉。"乃共克①期日。

　　后期方至,元伯具以白母,请设馔②以候之。母曰:"二年之别,千里结言,尔何相信之审邪?"曰:"巨卿信士,必不乖违。"母曰:"若然,当为尔酝酒。"至其日,巨卿果到。升堂拜饮,尽欢而别……

　　后元伯寝疾③笃,同郡郅君章、殷子征晨夜省视之。元伯临尽,叹曰:"恨不见吾死友。"子征曰:"吾与君章,尽心于子,是非死友,复欲谁求?"元伯曰:"若二子者,吾生友耳;山阳范巨卿,所谓死友也。"寻而卒。

　　式忽梦见元伯,玄④冕垂缨,屣履⑤而呼曰:"巨卿,吾以某日死,当以尔时葬,永归黄泉。子未我忘,岂能相及?"式恍然觉悟⑥,悲叹泣下……便服朋友之服,投其葬日,驰往赴之。式未及到而丧已发引。既至圹⑦,将窆⑧,而柩不肯进。其母抚之曰:"元伯,岂有望邪?"遂停柩⑨。

移时，乃见素车⑩白马，号哭而来。其母望之曰："是必范巨卿也。"巨卿既至，叩丧言曰："行矣元伯，死生路异，永从此辞。"会葬者千人，咸为挥涕。式因执绋⑪而引，柩于是乃前。式遂留止冢次，为修坟树，然后乃去。

(选自《后汉书·独行列传》，有删改)

注释：

①克：约定。

②馔（zhuàn）：酒食。

③寝疾：卧病。

④玄：黑色。

⑤屣（xǐ）履：拖着鞋走路，形容匆忙。

⑥觉（jiào）悟：睡醒。悟，通"寤"。

⑦圹（kuàng）：墓穴。

⑧窆（biān）：葬时下棺入穴。

⑨柩（jiù）：装着尸体的棺材。

⑩素车：古代丧事所用之车，以白土涂刷。

⑪执绋：葬礼中手执牵引灵柩的大绳以助前进。

【文意疏通】

范式，字巨卿，是山阳郡金乡县人，又名汜。他和汝南郡的张劭交为朋友。张劭，字元伯，两人请假回家时，巨卿对张劭说："两年后我回来，一定来拜访你的双亲，看看你的孩子。"两人就共同约定了日期。

后来，约定的日期就要到了，张劭就把这事全部告诉了母亲，请她准备饭菜来迎接范式。他母亲说："两年的离别，相隔千里的诺

第六章 生死之交

言,你怎么会相信得这样认真呢?"张劭说:"巨卿是一个重信用的人,一定不会违背约定的。"母亲说:"如果是这样,我应该为你们酿酒了。"到了约定的日期,范式果然来了。他登堂拜见了张劭的父母,就一起饮酒,享尽了欢乐后才与张劭告别。

后来张劭卧病不起,病情很重,同郡的郅君章、殷子征从早到晚都在照料看护他。张劭临死时,叹息道:"遗憾的是还没能见一下我那生死与共的朋友。"殷子征说:"我与郅君章对您尽心竭力,我们如果不是你生死与共的朋友,那么你再想找谁来与你相见呢?"张劭说:"像你们这两个人,只是我活着时的朋友罢了,山阳郡的范巨卿,才是我所说的生死与共的朋友。"过了不多久,张劭便死了。

范式忽然梦见张劭穿着黑祭服,垂挂着帽带,拖着鞋子叫道:"巨卿,我在某日死了,该在某日下葬,永远回到地下去了,您如果没有忘记我,是否能再见我一面?"范式清清楚楚地醒过来,悲痛地叹息着,禁不住哭泣起来,眼泪直往下掉,于是他就穿上了给朋友服丧时穿的衣服,按照张劭的安葬日期,赶着马车前去奔丧。范式还没有赶到而灵车就已经启行了。过了一会儿,灵车就到了墓穴,等到要把棺材下葬到墓穴中去的时候,棺材却不肯向前了。他母亲就抚摸着棺材说:"元伯,你是否还有什么指望呢?"于是就把棺材停下来。

过了一会儿,便看见白车白马,有人痛哭着奔来。张劭的母亲望着那车马说:"这一定是范巨卿了。"一会儿范式就到了,他磕头吊唁,说道:"走吧元伯,死者和生者走不同的路,从此我们永远分别了。"参加葬礼的上千人,都为他们的别离而流下了眼泪。范式握着牵引棺材的绳索向前拉,棺材这才向前移动了。范式留在坟边,给张劭垒起了坟墓,种下了树,然后才离去。

【义理揭示】

范式诚信赴约的故事,被传为千古佳话,并留下了"鸡黍之约"的典故。其内在的核心价值,就是对于人与人之间信义的重视。

范式与张劭情同骨肉,并最终结为生死兄弟,为后世树立了"生死之交"的典范。汉明帝怜其信义深重,范巨卿、张元伯两生,虽不登第,亦可褒赠,以励后人。

九 李勉为书生埋金

【原文选读】

天宝中①,有书生旅次②宋州③。时李勉④少年贫苦,与此书生同店。不旬日,书生疾作,遂至不救,临绝⑤语勉曰:"某⑥家住洪州,将于北都求官,于此得疾且死,其命也。"因出囊⑦金百两遗勉,曰:"某之仆使,无知有此,足下为我毕死事,余金奉之。"勉许为办事。及礼毕,余金密置金于墓中,而同葬焉。

后数年,勉尉开封。书生兄弟赍⑧洪州牒⑨来,而累⑩路寻生行止,至宋州,知李为主丧事,专诣开封,诘⑪金之所。勉请假至墓所,出金付焉⑫。

(选自《尚书谈录》,有改动)

注释:

①天宝中:天宝年间,天宝是唐玄宗的年号。

②旅次:在旅行中暂时停留。次,停留。

③宋州:今河南商丘、安徽砀山一带。

第六章 生死之交

④李勉：字玄卿，唐朝宰相、宗室，郑王李元懿曾孙。
⑤临绝：将要死了。
⑥某：代词，不称自己的名字时，常用"某"代指"我"。
⑦囊：口袋。
⑧赍（jī）：携带。
⑨牒：指官府的公文、文书。
⑩累：沿着。
⑪诘（jié）：询问，诘问。
⑫焉：代词，指书生的兄弟。

【文意疏通】

　　天宝（唐玄宗年号）年间，有一个书生游学停留在宋州。当时李勉年纪小家里又贫穷困苦，他和这个书生同住在一家旅店里。没过多长时间，书生患了病，无法医治。书生临死前对李勉说："我家住在洪州，我将到北都（今太原）谋求官职，在这里得病将要死了，这是我的命啊。"并从口袋里拿出了一百两金子给李勉，并对他说："我的家丁仆人，没有知道这个的，你为我处理完后事，剩下的钱就送给你了。"李勉答应为他办理后事，等到葬礼结束后，李勉把剩下的金子放在坟墓里和书生一同埋葬。

　　几年以后，李勉担任了开封府尉。书生的兄弟带着洪州官府开具的证明，沿路寻找书生的行迹。到了宋州，知道是李勉为书生办理了丧事，就专门到开封去见他，询问金子的下落。李勉就请他们到了墓地，挖出金子交给了他们。

【义理揭示】

　　从李勉与书生两人的交往中，我们可以看出，李勉助人为乐且不图回报，尤其对死去的人讲诚信、重情义，表现出为人正直、洁身自好和光明磊落的高尚品质。

十 情同朱张

【原文选读】

　　初，晖①同县张堪素有名称②，尝于太学③见晖，甚重之，接以友道，乃把晖臂曰："欲以妻子托朱生。"晖以堪先达④，举手未敢对，自后不复相见。堪卒，晖闻其妻子贫困，乃自往候视，厚赈赡⑤之。晖少子颉怪⑥而问曰："大人不与堪为友，平生未曾相闻，子孙窃怪之。"晖曰："堪尝有知己之言，吾以信于心也。"

（选自班固《后汉书·朱晖传》）

注释：

①晖：朱晖，与张堪同为东汉人。

②名称：名声，名望。

③太学：汉朝设在京城的最高学府。

④先达：指有道德、有学问的前辈。

⑤赈赡：救济，周济。

⑥怪：以……为怪。

【文意疏通】

　　起初，与朱晖同县的张堪，一直很有名望，曾经在太学见过朱晖，很器重他，把他当作朋友来对待，于是握着朱晖的手臂说："我想把妻子和儿女都托付给朱先生。"朱晖认为张堪是前辈，只是拱手没有敢应承,从此两人再也没有见面。张堪死后,朱晖听说张堪的妻子和儿女生活贫困,于是亲自前往探视,并送去丰厚的钱款救济。朱晖的小儿子颉觉得很奇怪,就问道:"父亲和张堪不是朋友,平常也没什么往来,我们实在觉得奇怪啊。"朱晖说:"张堪曾经对我说过知己的话,我把它铭记在心里了。"

【义理揭示】

文中的朱晖是一个扶贫济困而且非常有爱心的人,南阳太守早就仰慕他的为人,为了褒扬朱晖,就想让他的儿子去做官。可是,他却想把这个官位让给张堪的儿子。朱晖亲自前去找南阳太守说,谢谢您的好意,我的儿子才华有限,也没什么本事。您想让他当官,我看好像不适合。我向您推荐故人张堪的儿子,他学习刻苦,非常守礼仪,是可造之才。后来,张堪的儿子果然没有辜负朱晖对他的信任,廉洁奉公、勤奋踏实,为百姓做了很多好事。这就是历史典故"情同朱张"的来历。

文化倾听

人生自古谁无死。生与死,是每个人都要面对的人生课题。然而,在人际交往中,我们应该如何认识和看待生死之交、舍命之交呢?正如庄子所说:"古之真人不悦生也不畏死。"意思是说真正的君子,没有觉得拥有生命有多么可喜,也不觉得死亡来临有多么可怕。

生与死,是人生起始的两个端点,从这个角度来说,人生就像一条不归路，当你走到终点时，才会想起途中的遗憾。庄子之所以能够笑谈生死，是因为他悟出了生死的真谛，那就是"生与死，不过是一个形态的变化"。

在生活和交往中，为什么不同的人，对于相同的事物，会作出完全不同的解释和判断？为什么有的人，在遇到挫折和感受到压力时，会以轻生的方式寻求解脱？在我看来，这主要取决于他们对待生与死的态度。庄子《至乐》记载：庄子的结发妻子先他而走了，他的好朋友惠子前去吊唁。到了他家后才发现，庄子在那里"鼓盆而歌"。自己最亲的人死了，人们往往会痛苦思念，而庄子的妻子去世了，他为什么还会"鼓盆而歌"呢？

谁也不曾想到，庄子淡淡地告诉他的朋友惠子说：唉，她刚走的时候，我心里怎么会不难受呢？但是，我现在突然想明白了一个道理，察其始而本无生，我真正追本溯源去观察最初的开始，人不都没有生命吗？最早的时候，人是没有生命的，没有生命就没有形体，没有形体就没有气息。用老百姓的话来说，就是人活一口气。你看看天地之间，无非就是聚集了这样一股气，然后这个气息，逐渐要找到一个形体，由形体又孕育出了新的生命，人就是这样来的。现在我的妻子循着这条路去了，她比我先走。此时此刻，她可能在一个巨大的密室里面，踏踏实实地睡觉了，说明她真正解脱了，那我为什么还不高兴呢？我想到这些，就忍不住地敲着盆唱起歌来了。

其实，庄子从来就是一个不惧怕死亡的人，他不惧怕的方式，就是"乐生"这两个字，也就是说，活得好比怕死要强得多。这个观点和儒家的思想，孔夫子回答他学生的六个字"未知生焉知死"不谋而合。面对亲人的逝去，庄子能够有这样一种坦然的欣慰，说

第六章 生死之交

明他已经参透了生命的真谛。而这种坦然的欣慰,在中国民间也能够看到。比如,民间讲究办喜事有两种,叫作红白喜事。嫁娶和生子,这是红喜事,这是生命繁衍的开始,自然是一桩喜事。寿终天年,为老人送行,这是白喜事,也是一桩喜事。所谓"红白",只不过是生命的两端,红是生命来临之前的迎接,白是生命寂灭之后的相送。生与死之间,不过是一种生命形态的相互转化而已。

自然是变化的,因此人必须顺应自然,这样才能在交往中不喜不惧。如果我们真有庄子这样的心态,也许会少很多的牵绊和苦楚。但是,生老病死,面对人生的忧苦与坎坷,一旦自己骤然面临生死,我们还能像庄子这样坦然面对吗?很显然,我们难以做到。

从古到今,无不表明人生乐在"相知"二字。世间的美好,莫过于有几个心灵相通的朋友。特别是像上文中"廉蔺"之间,从产生矛盾到负荆请罪再到刎颈之交,最终成为不以权势骄人,始终平等相待,相敬如宾的生死之交。

明代儒学家郑少谷,他与王子衡相距遥遥千里,两人从来没有见过面,彼此却很倾慕对方。"海内谈诗王子衡,春风坐遍鲁诸生",这是郑少谷盛赞王子衡的古诗,王子衡绘声绘色地讲解诗歌,连鲁国孔子的弟子听了,也如沐春风。后来,王子衡惊闻郑少谷去世的噩耗,哀伤至极,不顾路途遥远,特地赶到福建为其送别。

同样,白居易和元稹,见证了患难之中结交的友情。两人一同被贬,在凄凉的秋风中白居易离开了长安,在被贬的途中,落寞的他不停地吟咏好友元稹的诗,"把君诗卷灯前读,诗尽灯残天未明。眼痛灭灯犹暗坐,逆风吹浪打船声"。元稹听说白居易被贬至九江,非常震惊,卧病在床的他写下诗句:"残灯无焰影幢幢,此夕闻君谪九江。垂死病中惊坐起,暗风吹雨入寒窗。"白居易很是感动,"不知忆我因何事,昨夜三更梦见君"。他们深笃的交情,被世人称为"元白之交"。

竹林七贤中的嵇康是名士,在文学、音乐方面造诣颇深。七贤中有一个人叫山涛,山涛时任吏部尚书郎,后来厌倦了官场。辞职后,朝廷要他推荐替位的人选,他真诚地推荐了嵇康。嵇康却写下历史上最有名的绝交信——《与山巨源绝交书》。嵇康把官场仕途说得如此暗淡,惹恼了司马昭,于是招来杀身之祸。后来,山涛把嵇康的儿子抚养成人,并推荐他入仕做官。

古人视友情如金,百炼而色故。高山流水的知音,"生我者父母,知我者鲍子"的知己,这些早已湮没在历史深处。"同是天涯沦落人,相逢何必曾相识。"现实的浮躁,人情的虚伪,使我们难以再次进入古人那种交往的心境。

人生交契无老少,得一知己足也。倘若能一起听琴品茶,踏雪寻梅,这何尝不是人生乐事?愿天下的每一个人,都能像钟子期那样,找到属于自己的那个"鲍叔牙"。

文化传递

英国的田野上出现了一桩怪事:有一种叫"欧洲蓝蝶"的美丽蝴蝶,忽然变少了。不知不觉中,它们的翩翩倩影在暖春的晴空里消失了。谁也猜不透,这种会飞的美丽"花朵"究竟上哪儿去了。

科学家进行了广泛的调查研究,终于发现,蓝蝶已经在英国绝种了。而引起蓝蝶绝种的重要原因,又与两种蚂蚁的灭绝息息相关。英国人怎么也没有想到,由于他们破坏了两种蚂蚁种群的生活

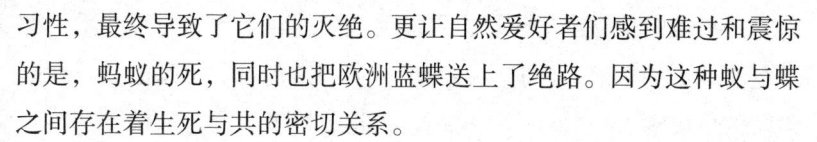

习性，最终导致了它们的灭绝。更让自然爱好者们感到难过和震惊的是，蚂蚁的死，同时也把欧洲蓝蝶送上了绝路。因为这种蚁与蝶之间存在着生死与共的密切关系。

成熟的蓝蝶个头较小，差不多只有一张邮票大小。在它们的幼虫阶段，其腹部有很多类型的腺体，所分泌出的挥发性物质，有诱惑蚂蚁的香味。蓝蝶幼虫因此就成了蚂蚁的食品供应站。

闻到特殊的香甜味时，蚂蚁就爬到蓝蝶幼虫那里去尽情享受。如果是普通蝴蝶的幼虫，对蚂蚁是不客气的，它们会拼命扭动和摇摆身体，以便把蚂蚁从腹部赶走。但蓝蝶幼虫却热情欢迎蚂蚁的入侵，并为入侵者提供可口的食物。

当然，蚂蚁并不是白吃白拿，蓝蝶也需要蚂蚁帮忙。当蚂蚁在草地上发现蓝蝶产的卵时，便马上派工蚁来照顾这些幼小的生命，等待它的孵化。不仅如此，还派兵蚁守卫在幼虫的周围，生怕被其他昆虫掠去。蓝蝶的幼虫是吃树叶的，每吃完一张新叶片，众蚂蚁就把它抬到另一张新的叶子上，让它吃个饱。蚂蚁的行为很像牧人把牛羊赶到更绿的草地上。

很明显，蚁蝶之间这种生死与共的搭档关系，是经历了漫长岁月考验的。例如，一些蓝蝶成年后，必须得到这种蚂蚁的刺激才会在植物上产卵。甚至，一些蓝蝶幼虫的表皮要比同类幼虫的表皮厚60倍，这也是长期形成的一种适应，能防止蚂蚁那铁钳一样的上颚刺穿它的表皮。

每逢北风呼啸，冬天来临，蓝蝶的幼虫经不住严寒的袭击，蚂蚁就把它们搬进自己温暖舒适的蚁穴里，蚂蚁吸食蓝蝶幼虫分泌的蜜露，而把自己的幼虫作为食物奉献给贵客，把它们招待得如同上宾。

但是，当春天的脚步声响起时，这曲田园牧歌也就结束了。这时，刚从茧蛹中钻出的蝴蝶，可能会受到蚂蚁的攻击，那些悉心照顾蓝蝶幼虫的蚂蚁，此时也会变成可怕的肉食者。幸运的是，在新生蝶的体表附着一层细小的鳞屑，当蚂蚁用颚去攻击它时，那些鳞屑很容易纷纷剥落。由于鳞屑像滑石粉一样保护着蓝蝶的足、触角以及上颚，进攻的蚂蚁只有踉踉跄跄地在空中乱抓一气，而在这时候，蓝蝶已不慌不忙地摆脱困境，自由自在地飞走了。

大自然就是这样复杂而有趣，地上爬的蚂蚁和空中飞的蓝蝶，居然结成了同生共死的盟友。推土机把两种蚂蚁的栖息地给毁了，从而灭绝了这两种蚂蚁。"城门失火，殃及池鱼"，与蚂蚁相依为命的蓝蝶随之消失，仅仅给人们留下了一些美好的记忆。

这个真实的故事虽然发生在几十年前，但对世人的警示是非常深刻的。它告诉我们，世界是一个普遍联系的统一整体，如果其中一个环节损毁了，往往会出现意想不到的后果，由此带来的损失也是难以挽回的。

(选自石旭初《蚁和蝶的生死之交》，有删改)

文化感悟

1. 结合"原文选读"中的第一篇，针对孔子对朋友的"临终关怀"这一做法，简要谈谈你的认识与思考。

2. 随着时代的发展，"生死之交"的内涵也在不断地变化，今天，我们应该怎样看待"生死之交"中"生与死"的关系？

第七章　交往以诚

文化典籍

一　交往以诚

【原文选读】

曾子曰:"吾日三省吾身,为人谋而不忠①乎?与朋友交而不信②乎?传不习③乎?"

子曰:"君子不重④则不威,学则不固⑤。主忠信⑥。无友⑦不如己⑧者,过则勿惮⑨改。"

（选自《论语·学而》）

注释:

①忠:尽己之谓忠,这里指对人应当尽心竭力。

②信:以诚实之谓信,要求人们按照礼的规定相互守信,以调整人们之间的关系。

③传（chuán）不习:传,受之于师谓之传。习,指温习。

④重：庄重，自持。

⑤固：固陋，比喻人见闻少，学了就可以不固陋。

⑥主忠信：以忠信为主。

⑦无：通"毋"，不要、禁止之意。友：名词作动词，交朋友。

⑧不如己：一般解释为不如自己；另一种解释说，"不如己者，不类乎己，所谓'道不同不相为谋'也"。把"如"解释为"类似"，后一种解释更符合孔子的原意。

⑨惮（dàn）：害怕，畏惧。

【文意疏通】

曾子说："我每天多次反省自己，为别人办事是不是尽心竭力了呢？与朋友交往是不是做到诚实可信了呢？老师传授给我的学业是不是温习了呢？"

孔子说："君子不庄重就没有威严，学习可以使人做到不固陋。君子要以忠信为主。不要与自己不同道的人交朋友，有了过错，就不要怕改正。"

【义理揭示】

本章重点指出了"忠"的特点，即一个"尽"字，办事尽心尽力，死而后已。正如儒家所说"尽己之谓忠"，"忠"在先秦是指一般的道德范畴，不只用于君臣之间的关系。而"信"的含义是信任、信用，其内容是诚实不欺。信与言论有关，表示说真话，讲信用，这也是一个人立身处世的基石。

本篇中曾子的这种反省、克己的方式，培养诚信之德的思想，无疑将"交往以诚"引向了自律和自觉的思想高度，凸显了由

"自我"而感化"他我"的作用和重要意义。

二 子路辞于孔子

【原文选读】

子路将行,辞于孔子。子曰:"赠汝以车乎?赠汝以言乎?"子路曰:"请以言。"

孔子曰:"不强不达①,不劳无功,不忠无亲,不信无复②,不恭失礼。慎此五者而已。"

子路曰:"由请终身奉之。敢问亲交③取亲④若何?言寡⑤可行若何?长为善士而无犯若何?"

孔子曰:"汝所问苞⑥在五者中矣。亲交取亲,其⑦忠也;言寡可行,其信乎;长为善士而无犯,于礼也。"

(选自《孔子家语·子路初见》)

注释:

①不强不达:不努力坚持就达不到目的。旧注:"人不以强力则不能自达。"

②不信无复:不讲信用别人就不会再信任。旧注:"信近于义,言可复也。今而不信,则无可复。"

③亲交:新结交的人。

④取亲:取得信任,成为亲近的朋友。

⑤言寡:话语少。

⑥苞:通"包",包括。

⑦其:指示代词,相当于"那"。

【文意疏通】

子路将要出行,前来向孔子辞行。孔子说:"我送给你车呢?还是送给你一些忠告呢?"子路说:"请给我一些忠告吧。"

孔子说:"不努力坚持就达不到目的,不劳动就没有收获,不忠诚就没有亲人,不讲信用别人就不再信任你,不恭敬就会失礼。谨慎地处理好这五个方面就可以了。"

子路说:"我将终生记在心里。请问取得新结交的人的信任需要怎么做?说话少而事情又能行得通需要怎么做?一直都是善人而不被别人侵犯需要怎么做?"

孔子说:"你所问的问题都包括在我讲的五个方面里了。要取得新结识之人的信任,那就是诚实;说话少事情又行得通,那就是讲信用;一向为善而不受别人侵犯,那就是遵行礼仪。"

【义理揭示】

本篇孔子教导子路要谨慎地处理好"强、劳、忠、信、恭"这五个方面的问题,其中就提到了做人要讲诚信,结交新朋友更要讲诚信。与人交往要彼此信任,更要以诚相待,虽然这些都是思想道德说教层面上的内容,但从上文中我们可以看出,子路对孔子的教导是言听计从,心悦诚服的。尽管他一生都没能理解和把握孔子的思想,却能一生忠心跟随孔子,如影随形,能以诚相待,最终得到孔子的器重。

因此,孔子说:"自吾得由,恶言不闻于耳。"意思是说自从子路担任他的侍卫以后,各种不好的语言,便再也没有听到过。这是对我们提出的最大忠告。

三 以德服人

【原文选读】

孟子曰:"居下位而不获于上,民不可得而治也。获于上有道①:不信于友,弗获于上矣。信于友有道:事②亲弗悦,弗信于友矣。悦③亲有道:反身④不诚,不悦于亲矣。诚身有道:不明乎善,不诚其身矣。是故诚者,天之道也;思诚者,人之道也。至诚而不动者,未之有也;不诚,未有能动者也。"

(选自《孟子·离娄上》)

注释:

①道:路,或方向,或途径。

②事:侍奉。

③悦:取悦,博得。

④反身:反躬自问。

【文意疏通】

孟子说:"职位低下而得不到上司的信任,是不可能治理好百姓的。要获得上司的信任也有一定的方式和途径,如果不能得到朋友的信任,也就不能获得上司的信任。取信于朋友也有一定的方式和途径,如果侍奉父母而不能博得父母的欢心,也就不能得到朋友的信任。博得父母的欢心也有一定的方式和途径,如果反躬自问而不诚心诚意,也就不能博得父母的欢心。要想诚心诚意也有一定的方式和途径,如果不明白什么是善,也就不能做到真心诚意。因此,所谓的真心诚意,是天的道路;追求真心诚意,是人的道路。有了至诚的心意而没有感动别人,是没有的;不真心诚意,要感动别人也是不可能的。"

【义理揭示】

本篇由"明善"到"诚身",由"诚身"到"悦亲",由"悦亲"到"信于友",由"信于友"到"获于上",直到"民不可得而治也"的反面,那就应该是"民可得而治矣"。实际上也就是《大学》中所谓"修、齐、治、平"的序列。朱熹说这段文字"亦与《大学》相表里,学者宜潜心焉"(《孟子集注》卷七)。这句话归结起来,就是强调真诚是立身处世的根本所在。一个人如果没有真诚,一切都无从谈起。因此,孟子最后说"至诚而不动者,未之有也;不诚,未有能动者也"。后来所谓"精诚所至,金石为开"也就是孟子在这里所说的"至诚"罢了。

四 自欺欺人

【原文选读】

所谓诚其意①者,毋自欺也。如恶恶臭②,如好好色③,此之谓自谦④。故君子必慎其独也!

小人闲居为不善,无所不至,见君子而后厌然⑤,掩其不善,而著其善。人之视己,如见其肺肝然,则何益矣。此谓诚于中,形于外。故君子必慎其独也。

曾子曰:"十目所视,十手所指,其严乎!"富润屋⑥,德润身⑦，心广体胖⑧。故君子必诚其意。

（选自《礼记·大学》）

注释：

①其意：使意念真诚。

②恶（wù）恶（è）臭：厌恶腐臭的气味。臭，气味。

③好（hào）好（hǎo）色：喜爱美丽的女子。好色，美貌的女子。

④谦：通"慊"，自足，满足。

⑤厌然：躲躲闪闪的样子。

⑥润屋：装饰房屋。

⑦润身：修养自身。

⑧心广体胖（pán）：广，宽广，坦率；胖，安泰舒适。原指人心胸开阔，外貌就安详；后用来指心情愉快，无所牵挂，因而人也会发胖。

【文意疏通】

使意念真诚的意思是说，不要自己欺骗自己。要像厌恶腐臭的气味一样，要像喜爱美丽的女子一样，一切都发自内心，这样才能使自己心满意足。所以，品德高尚的人哪怕是在一个人独处的时候，也一定要谨慎。

品德低下的人在私下里无恶不作，一见到品德高尚的人便躲躲闪闪，掩盖自己所做的坏事而自吹自擂。每个人看你自己，就像看见你的心肺肝脏一样非常清楚，掩盖又有什么用呢？这就叫作内心的真实，一定会表现到外表上来。所以，品德高尚的人哪怕是在一个人独处的时候，也一定会谨慎。

曾子说："十只眼睛看着，十只手指着，这难道不令人畏惧吗？"财富可以装饰房屋，品德却可以修养身心，使心胸宽广而身体舒坦安康。所以，品德高尚的人，一定会使自己的意念真诚。

【义理揭示】

本篇传递的是，要做到真诚，最重要的就是"慎其独"，即一个人在独处的时候，凭着高度自觉，按照一定的道德规范来约束自己的行为，并能够做到谨慎处事。换言之，就是人前人后都是一个样，人前真诚，人后也真诚，一切都发自肺腑，发自内心，就像手脚长在自己身上一样自然自如，一样真实无欺。

在人与人交往的今天，"慎其独"是不是也应该作为我们的一门必修课呢？而要做到这一点，还得要回到最初的出发点——"君子必诚其意"。

五 自我完善

【原文选读】

诚者，自成①也；而道，自道②也。诚者，物之终始，不诚无物。是故君子诚之为贵。诚者，非自成己而已也，所以成物也。成己，仁也；成物，知也。性之德也，合外内之道也，故时措③之宜也。

（选自《礼记·中庸》）

注释：

①自成：自我成全，自我完善。
②自道：自我引导。

③措：实施，实行。

【文意疏通】

真诚是自我的完善，而道则是自我的引导。真诚是事物的发端和归宿，没有真诚就没有了事物。因此君子以真诚为贵。不过，真诚并不是自我完善就够了，还要完善事物。自我完善是仁，完善事物是智。仁和智是出于本性的德行，是融合自身与外物的准则，所以，任何时候施行都是适宜的。

【义理揭示】

本篇所说的是"真诚"的外化问题，真诚不仅仅像我们一般所理解的，是一种主观内在的品质和自我的道德完善，而且是要外化到他人和一切事物当中去，对促进"仁和智"的完善具有积极的作用。

从大的方面来说，真诚是事物的根本规律，是事物的发端和归宿；从小的方面来说，真诚是自我的内心完善。因此，要修养真诚就必须做到物我同一、天人合一，而要做到这一点，既要靠学习来完善，又要靠实践来实现。其实，生活中真诚无处不在，真诚让我们更好地懂得为人处世，进而认识自己，关爱他人，甚至是改造世界。

六 季札挂剑

【原文选读】

季札之初使,北过①徐君。徐君好季札剑,口弗敢言。季札心知之,为使上国,未献。还至徐,徐君已死,于是乃解其宝剑,系②之徐君冢③树而去。从者曰:"徐君已死,尚谁予乎?"季子曰:"不然。始吾心已许之,岂以死倍④吾心哉!"

(选自《史记·吴太伯世家》)

注释:
①过:经过,这里有拜访的意思。
②系:用绳子系,这里指挂在。
③冢:坟墓。
④倍:通"背",背叛,违背。

【文意疏通】

春秋时期吴王梦寿的第四个儿子季札第一次出使晋国,从吴地向北经过徐国时,拜访了徐国国君。徐君十分喜欢季札身上所佩带的宝剑,但是没有说出来。季札心里知道徐君喜欢自己的宝剑,但是他还有出使别国的使命,所以没有把宝剑送给他。后来他再回到徐国时,徐君已经死了,于是他解下宝剑,挂在徐君墓前的树上。他的随从说:"徐君已经死了,这是要送给谁呢?"季札说:"不是这样的。我当初在心里已经决定要将这把宝剑送给他了,怎么能因为他死了,就违背自己的心意呢!"

【义理揭示】

季札是周朝吴国人，因受封于延陵一代，又称"延陵季子"。他的祖先是周朝的泰伯，曾经被孔子赞美为"至德"之人。孔子曾说："泰伯其可谓至德也已矣，三以天下让，民无得而称焉。"（《论语·泰伯》）司马迁赞美季札是一位"见微而知清浊"的仁德之人。他的谦恭礼让、非凡气宇和远见卓识，值得后世的人们学习。

"季札挂剑"这一故事告诉我们：诚信不是你和别人之间的事，而是你和自己心灵之间的对话。我们不仅要做到言而有信，而且还要做到不欺骗自己的良心，更不要欺骗别人的感情，做到至诚无欺，从而走向"不欺心不欺己"的最高境界。

七 包惊几笃于友谊

【原文选读】

包惊几①笃（dǔ）于友谊，与吴东湖善。吴卒，抚②其家甚至③。后方④嫁女，闻吴女将适⑤人，贫不能理装⑥，即以其女之奁具⑦赠之，已女后一载始嫁。时论称之。

（选自《今世说》）

注释：

①包惊几：清朝人，名捷，字惊几。

②抚：照顾，照料。

③至：周到。

④方：当……的时候。

⑤适：旧时指女子出嫁。

⑥理装：备办嫁妆。

⑦奁（lián）具：旧时指女子出嫁时的嫁妆。

【文意疏通】

清朝时期吴江人包惊几忠实于友谊，他与吴东湖是好朋友。吴东湖死后，包惊几照顾吴家人非常周到。后来，正当包惊几自己的女儿也要出嫁的时候，他听说吴东湖的女儿也将要嫁人，但因家中贫穷不能自备嫁妆，于是就先把自己女儿的嫁妆送给了她，自己的女儿过了一年才出嫁。当时的人们都议论这件事，并称赞他。

【义理揭示】

朋友之间的友谊能否长存，就在于对朋友是否忠诚，是否能做到不偏私，彼此之间是否能以诚相待。本篇作者通过正面描写和侧面烘托两种方式，赞美了包惊几"笃于友谊"的高尚品质。为了这份友谊，他坦诚地对待朋友的家人，尤其是在其遭遇困难时，并没有违背自己忠于友情的本心，而是听从内心的声音，真正做到了与人交往以诚相待，体现出自己内心对于交往的崇高价值取向。

八 鲁宗道为人刚直

【原文选读】

宗道为人刚正，疾恶少容①，遇事敢言，不为小谨。为谕德②时，居近酒肆，尝微行③就④饮肆中，偶真宗亟⑤召，使者及门，久

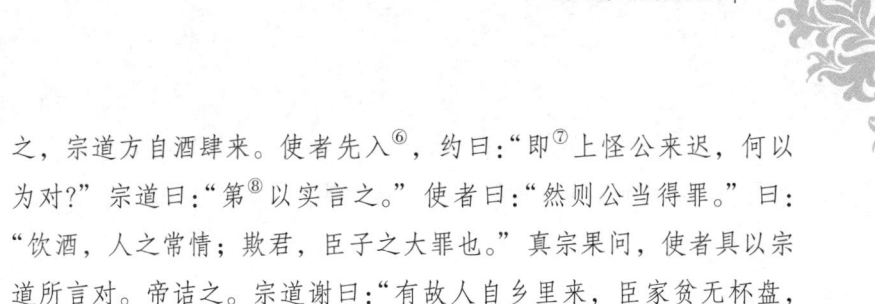

之，宗道方自酒肆来。使者先入⑥，约曰："即⑦上怪公来迟，何以为对？"宗道曰："第⑧以实言之。"使者曰："然则公当得罪。"曰："饮酒，人之常情；欺君，臣子之大罪也。"真宗果问，使者具以宗道所言对。帝诘之。宗道谢曰："有故人自乡里来，臣家贫无杯盘，故就酒家饮。"帝以为忠实可大用。

（选自《宋史·鲁宗道传》）

注释：

①疾恶：痛恨坏人坏事。少（shǎo）容：不肯容忍。
②谕德：教育太子的官职。
③微行：旧时谓帝王或有权势者隐匿身份，易服出行或微服私访。
④就：到……去。
⑤亟：急切，紧急。
⑥先入：指先回宫中。
⑦即：如果。
⑧第：只，只管。

【文意疏通】

鲁宗道做人刚正、正直，疾恶如仇，遇到事情敢于直言，不拘谨。他当教育太子的官吏时，家住得离酒馆很近。有一次，他穿着便衣到酒馆中，恰巧真宗急召入宫，使者到了他的家里。过了很久，鲁宗道才从酒馆回来。使者就先回宫了，并且约定说："如果皇上怪罪你来晚了，该怎么回答呢？"鲁宗道说："你只管说实话。"使者说："要是这样你会获罪的。"鲁宗道说："吃饭喝酒，乃人之常情；欺骗君王才是做臣子的大罪啊！"后来，宋真宗果然问起了这件事，使者就详细地把鲁宗道所说的话告诉了皇上。皇帝问鲁宗道,他就向皇上谢罪说:"有老朋友从乡里来,我家里贫穷得没有杯盘,所以就到酒楼去喝酒了。"皇帝因为鲁宗道的忠诚与诚实,认为他可以重用。

【义理揭示】

鲁宗道为人真诚且正直,这取决于儿时母亲赵菁对他的严格要求和精心培养。母亲从小就教育他,做人要刚正不阿,忠厚诚实,这样才能取信于人,并委以重用。

九 涸辙之鲋

【原文选读】

庄周家贫,故往贷粟①于监河侯②。曰:"诺③!我将得邑金④,将贷子三百金,可乎?"

庄周忿然作色,曰:"周昨来,有中道而呼者,周顾视,车辙中有鲋鱼焉。周问之曰:'鲋鱼来,子何为者耶?'对曰:'我东海之波臣也。君岂有斗升之水而活⑤我哉?'周曰:'诺,我将南游吴、越之王,激⑥西江之水而迎子,可乎?'鲋鱼忿然作色,曰:'吾失我常与,我无所处。吾得斗升之水然活耳。君乃言此,曾⑦不如早索我于枯鱼之肆⑧!'"

(选自《庄子·外物》)

注释:

①贷粟(sù):借粮食。粟,俗称小米,古称"稷"。

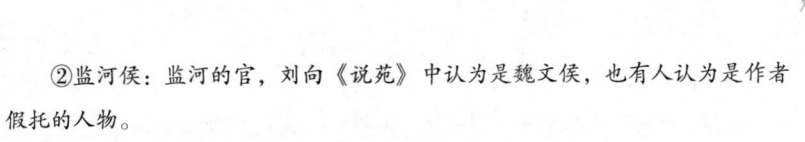

②监河侯：监河的官，刘向《说苑》中认为是魏文侯，也有人认为是作者假托的人物。

③诺：答应的声音，表示同意。

④邑金：封建统治者在自己的封地里靠剥削得来的收入。邑，古代贵族受封的领地。

⑤活：使……活。

⑥激：阻止水流，这里是指阻断水流，引向……地方。

⑦曾（céng）：还。

⑧肆：酒肆，店铺。

【文意疏通】

庄子家里很贫穷，所以他前去向监河侯借粮食来充饥。监河侯说："可以，我马上就要收到租金了，到时候再借给你三百两金子，这样可以吗？"

庄子改变了脸色，说："我昨天来，听到呼喊的声音，我环顾四周，看见干涸的车辙（车轮碾出的痕迹）中有一条鲫鱼。我问它说：'鲫鱼啊，你是做什么的呢？'鲫鱼回答说：'我原本是东海海神的臣子。你有没有一升半斗水让我活命呢？'我说：'可以啊，我要去南方游说吴、越的国王，引西江水来接你，可以吗？'鲫鱼生气地说：'我失去了平常我所需要的水，我就没有了可以生存的地方，我只要得到一升半斗水就可以活下来，你竟然对我说这些话，还不如尽早到干鱼店铺里去找我！'"

【义理揭示】

面对庄子的请求，监河侯却开出了一张"空头支票"，假托非要等到收了租金以后才借钱给他。对此，庄子"忿然作色"，并讲述了"涸辙之鲋"的寓言故事（这里在干涸了的车辙沟里的鲫鱼，比喻处于极度窘困境地、等待救援的人）来反击监河侯，用来说明在困难的时候求助于人是一种信任，然而，统治者面对这种信任却表现出极其虚伪的一面。

"庄周借粮"这个故事启示我们：当别人有困难的时候，我们要真心实意尽自己最大的努力给予帮助，绝不能只说大话，更不能开"空头支票"。殊不知，在彼此交往的过程中大话和空话是不能解决任何问题的，要解决实际问题，必须要有实事求是的精神和脚踏实地的作风。

十 曾子烹彘

【原文选读】

曾子①之妻之市，其子随之而泣。其母曰："女②还，顾反③为女杀彘④。"适市⑤来，曾子欲捕彘杀之。妻止之曰："特⑥与婴儿戏⑦耳。"曾子曰："婴儿非与戏⑧也。婴儿非有智也，待⑨父母而学者也，听父母之教。今子欺之，是教子欺也。父欺子而不信其母，非以成教也⑩。"遂烹彘也。

（选自《韩非子·外储说左上》）

注释：

①曾子（前505—前435）：曾参，春秋末年鲁国人，孔子的弟子，字子舆，被尊称为曾子。他性情沉静，举止稳重，为人谨慎，待人谦恭，以孝著称。曾提出"慎终追远，民德归厚"的主张和"吾日三省吾身"的修养方法。

②女：通"汝",你。

③反：通"返",返回。

④彘(zhì)：小猪。

⑤适市：到集市上去。

⑥特：只不过。

⑦戏：开玩笑。

⑧非与戏：不可同……开玩笑。

⑨待：依赖。

⑩非所以成教也：这样做就不能把孩子教育好。

【文意疏通】

曾子的夫人要到集市上去,她的儿子哭着闹着要跟着去。于是母亲对儿子说："你先回家待着,待会儿我回来杀猪给你吃。"她刚从集市上回来,看见曾子就要捉猪去杀。她就劝止说："刚才只不过是跟孩子开玩笑罢了。"曾子说："可不能跟他开玩笑啊!小孩子没有思考和判断能力,要向父母学习,听从父母给予的正确教导。现在你欺骗他,这是教孩子骗人啊!父母亲欺骗了儿子而使之不再相信自己的父母,这不是成功的教育方法。"于是曾子就杀猪煮肉给孩子吃。

【义理揭示】

曾子因为妻子对儿子说了一句"回来杀猪给你吃"的玩笑话,执意要将猪杀掉,以此来兑现自己的诺言,体现了儒家"言必信"的道德理念。正所谓言传身教,语言只能是传情达意,真正教导孩子做人的办法,还是要自己身体力行。一个人不可能一生不说谎,而最根本就在于他是否能保持真诚和善良的心,以及能否有足够的智慧和自制力来面对谎言。

无论是在教育子女，还是在与人交往等方面，都要注意言传身教，不能以欺骗为手段，做任何事都要做到"言必行，行必果"，以诚相待。因为诚信往往与他人无关，只与自己的内心是否坦诚、是否坚定有关。

文化倾听

中国传统文化十分推崇"诚信"二字，社会主义核心价值观也把诚实守信作为公民个人层面的价值准则之一。诚信是人类社会千百年传承下来的道德传统，也是社会主义道德建设的重点内容，它强调诚实劳动、信守承诺、诚恳待人，认为诚信可以产生巨大的感召力量。真诚，诚实，诚信，诚笃真挚，都讲一个"诚"字。从文字上讲，《说文解字》："诚，信也。""信，诚也。""诚信"这两个字都有诚实不欺的意思，可以互训。二者的区别在于，"诚"着眼于反身自成的人性实现和人的本真存在完成的一面，而"信"侧重于处理人际关系践履的一面。"诚信"是人们相互交往的一个基础，也是儒家学说和中国文化传统中一个基本的德行观念和道德原则。

先秦儒言"忠信""诚信"，都把它发展为一个内在的德行观念和普遍的道德原则，但在概念的使用上，仍然保留了"言以出信"这一人际交往的最初字义。如《论语·学而》："与朋友交，言而有信。"《孟子·滕文公上》："朋友有信。"《礼记·大学》："为人君，止于仁；为人臣，止于敬；为人子，止于孝；为人父，止于慈；与国人交，止于信。"《礼记·曲礼上》："交游称其信也。"这些都表现了这一点。

应当注意的是，古人在概念的使用上比较灵活。如《大学》讲"为人君，止于仁；为人臣，止于敬……与国人交，止于信"。仁不仅是人君之德，敬亦不仅是人臣之德。凡待人处世，皆当怀有仁、敬之心，"仁""敬"本是一种普遍的德行原则。人处身于社会，不仅要"朋友有信"，"交游称其信"，凡父子、君臣、上下、夫妇、长幼、乡党、邻里、为政、经济、邦交等诸种关系和事务，皆须贯穿并遵守诚信的原则。所以，孔子更是把诚信视为做人的根本，他提出，朋友之间要"言而有信"，还说："人而无信，不知其可也。"（《论语·为政》）又说："自古皆有死，民无信不立。"（《论语·颜渊》）"信"对人之重要性，甚于生死。孟子说："诚者，天之道也，思诚者，人之道也；至诚而不动者，未之有也；不诚，未有能动者也。"（《孟子·离娄上》）荀子说："不诚则不能化万民"，意思是说，人如果不讲信用，那他就不知道该怎样立身处世。他们都是将诚信看作教育、感化百姓的力量和人立身行事之根本。

不仅如此，儒家更强调"诚信"对于人的德行实现和存在完成之本原性的意义。孔子特别强调"主忠信"。其论"崇德"云："主忠信，徙义，崇德也。"（《论语·颜渊》）即"以忠信主乎一心"。人的心中有忠信主乎其中，就能闻义而徙，充盛而蕴成其德行。可见，"主忠信"乃是人成就其德行的重要途径和主要根据。

《中庸》说："诚者，天之道也；诚之者，人之道也。诚者，不勉而中，不思而得，从容中道，圣人也；诚之者，择善而固执之者也。"这段话又从"信与诚"的关系，引申出"诚"作为天道与人道统一的本体意义。诚即真实，但这个真实，不是认识意义上的真实。对于人而言，"诚"的真实含义，应理解为一种人性或其生命存在实现意义上的真实。《中庸》又说:"待人以诚,感人以德,交人以善,这是率性之谓道。"这无不表明,朋友交往以诚以真,相待以礼以敬,相处以平以淡,相勉以学以道,这些都是交朋友应该遵循的原则。

《大学》说:"所谓诚其意者,毋自欺也,如恶恶臭,如好好色,此之谓自谦……此谓诚于中,形于外,故君子必慎其独也。"所谓"诚于中,形于外",具体来讲,就是诚、独、形、著、明、动、变、化,它所展现的是人的存在和德行,成就的是一个完整的创造历程。

综上所述,儒家论诚实守信,是以"真实"为其根本。这个真实,是人的存在之实现意义上的真实,即是其所是,真实地拥有其当然之性。人实现其存在的真实,必以道德为进路。"信"作为传统德行之一,其不欺诈、重然诺、讲信用的内涵,也要建立在"诚中形外"这一"德之行"的内在规定之上,这样才能获得其本真的内涵。

诚实是守信的基础,守信是诚实的表现。诚信是人类至高无上的美德,也是维系良好人际关系的基本原则。秦末汉初的楚国人季布,在楚汉战争中做过项羽的大将,后来归顺西汉高祖刘邦,担任河东太守,一生特别讲信用,只要他答应的事情就一定要办到,从来没有失信于人。他以侠义闻名,重守诺言,因此人们常说,"得黄金百斤,不如得季布一诺"。

众所周知,诚信对当今的人们来说,可能是比较敏感的一个道德名词。在防盗网、防盗门和防盗锁盛行的社会里,我们好像已经习惯了互相防备,自觉地放大自己的私心,甚至是突破法律法规去损人利己,从而缺失了对于交往以诚的坚守。当今社会已经多次出现，老人摔倒了，似乎只有他大声地说"是我自己摔倒的，不关你的事"以后，才会有人敢于上前帮忙。诚信的缺失，使得守信者吃亏，失信者得利。殊不知，诚信不是你和别人之间的事，而是你和自己内心之间的事。

　　当然，在社会发展的今天，我们谈论中国传统道德不是为了教训别人，而是为了使自己心安。生活中的我们在交往的过程中表现出推心置腹的真诚态度，已经显得十分必要。对此，很多有识之士从内心呼喊，人与人之间应该坦诚相待，多一点真诚，人与人之间应该更多的是真诚、友善和信任的人际关系。如果我们的交往缺乏诚信，最终侵蚀的是人的本心，挑战的是社会的公平与公正，损害的是所有人的利益。

文化传递

　　诚信是长久交往的最佳方式，也是最大的社会资源。儒家讲"诚中形外"，"德不可掩"。其言道德，都重在人己、物我、内外的一体贯通。在人际交往中的讲信用、重承诺、诚实无欺，必定要基于人的真实德行，才能实现其作为"诚信"的本真意义。

　　中国是一个"礼仪之邦"，这大抵不错。钱穆先生曾说，中国的核心思想是"礼"。至于"仪"，看过古装戏，肯定印象深刻，且多半会想到"烦琐"；即便普通的进门，也是大有讲究的。或许是"三千年未有之变局"还没有结束，而今中国已经陷入了诚信危机，假冒伪劣产品似乎永远打不完，坑蒙拐骗事件时不时见诸报端，贪污腐化现象更是忙坏了纪检监察部门。更严重的是在以追求真理为职业的学术界，丑闻也一波接一波，抄袭、剽窃、造假，"白面书生"成"黑脸盗贼"了。是什么使一个礼仪之邦陷入诚信危机呢？市场经济使然，个人主义使然，儒家文化使然，社会转型使然，抑或是别的什么原因呢？

当年刘备为了请诸葛亮出山，放下架子，风雨无阻，三顾茅庐，精诚所至，金石为开，诸葛亮不但打开了柴门，而且打开了心灵之门，抱着"士为知己者死"的心志帮助刘备得以三分天下。刘备死后托孤于他，他殚精竭虑，为辅佐后主刘禅鞠躬尽瘁，死而后已，留下了一段君臣知己之交的佳话。廉颇嫉妒蔺相如步步高升，曾发誓要羞辱他，当他明白蔺相如之所以躲着自己，是因为"秦所以不敢加兵于赵者，徒以吾二人在也，吾所以为此者，以先国家之急而后私仇也"，他羞愧难言，负荆请罪，并与蔺相如结为刎颈之交。

以上事例告诫我们，相互尊重、志同道合的交往，方能相交相知，进而建立起伟大的友谊。相互尊重，捍卫祖国的尊严是他们心中的共同志向，再大的个人恩怨在其面前也将化干戈为玉帛，烟消云散。

谈起"诚信"，我们似乎都知道，不就是讲诚守信不蒙人吗？但细究起来，我们似乎又感到迷惑。马克思说得好，理论只有彻底，才能够说服人。的确，要回答诚信的问题，必须真正辨明什么是诚信？从简单到复杂，这里有四点要明确。第一，诚信是关于人和人打交道的，鲁滨孙一个人在孤岛，无所谓诚信，只有出现第二个人与他打交道，才有鲁滨孙的诚信问题。第二，诚信是关于人和人长久交往的，如果人与人只打一次交道，一锤子买卖，也不会存在诚信问题。一次性买卖因为无关未来，所以也无关诚信。第三，长久交往不一定就能产生诚信，它只是一个充分条件，诚信的产生还有赖于交往的记录、公开和评判乃至奖惩等问题。虽多次交往，但交往没有记录，没有公开，没有评判，没有被奖惩，多次交往等效于一次性买卖，诚信也就无法产生。第四，诚信只有在一定的人数边界内才可能产生。换句话说，诚信是有限人际圈内的诚信。中国有句俗话，叫"宁做治世犬，勿为乱世人"，道理正在这里。社会一乱，长久交往无法形成，流寇自然就多，今天在这里抢财劫色，明天就换个地方装模作样做起绅士来，到头来普通百姓更加遭罪。

以上四点，第一点最基本，第二点最重要，第三点最关键，第四点画龙点睛，这就是诚信。总的来说，诚信就是人与人在一个有限圈内长久交往的最佳交际方式。在长久交往中，在一个有限人际圈内，谁讲诚守信，谁就会获得最大化利益，谁就是最大的赢家。

（选自欧阳君山《礼仪之邦如何重建诚信》，有删改）

文化感悟

1. 上文所讲的儒家"诚信"论，对形成道德的"诚于中形于外"的境界，在你看来有哪些积极的作用？

2. 对于"己欲立而立人"的"忠道"和"己所不欲，勿施于人"的"恕道"，我们都必须以诚信为规约，方可成为友善的交往。对此，你有怎样的思考？

3. 当今社会，诚信被看作是长久交往的最佳方式之一，也是最大的社会资源。在现实生活中，我们怎样才能让这种方式和资源更优化？

第八章　交往以慎

文化典籍

一　君子慎其处

【原文选读】

　　孔子曰："吾死之后，则商①也日益，赐②也日损。"曾子曰："何谓也？"子曰："商也好与贤己者处，赐也好说不若己者。不知其子，视其父；不知其人，视其友；不知其君，视其所使；不识其地，视其草木。故曰'与善人居③，如入芝兰之室④，久而不闻其香，即与之化⑤矣。与不善人居，如入鲍鱼之肆⑥，久而不闻其臭，亦与之化矣'。丹之所藏者赤，漆之所藏者黑，是以君子必慎其所与处者⑦焉。"

（选自《孔子家语·六本》）

注释：

　　①商：孔子的弟子，即卜商，字子夏，"孔门十哲"之一。

②赐：孔子的弟子，即端木赐，字子贡，儒商之祖，"孔门十哲"之一。

③居：交往，结交。

④芝兰之室：种植芝兰散满香气的屋子，比喻良好的环境。

⑤化：同化，与……趋向一致。

⑥鲍鱼之肆：指代污浊的环境，比喻恶人聚集的地方。鲍鱼，咸鱼；肆，店铺。

⑦其所与处者：自己所结交的人和所处的环境。其，自己；与，动词，结交，亲附；处，居，置身；者，助词，……的（人、事、物）。

【文意疏通】

孔子说："我死之后，子夏会比以前更有进步，而子贡会比以前有所退步。"曾子问："为什么呢？"孔子说："子夏喜爱同比自己贤明的人在一起，所以他的道德修养会日益提高；子贡喜欢同才智比不上自己的人相处，因此他的道德修养会日见丧失。不了解孩子如何，看看孩子的父亲就知道他将来的情况了；不了解本人，看看他周围的朋友就可以了；不了解主人，看看他派遣的使者就可以了；不了解本地的情况，看看本地的草木就可以了。所以说，'经常和品行高尚的人在一起，就像沐浴在种植芝兰散满香气的屋子里一样，时间长了便闻不到香味，因为本身已经充满香气了。和品行低劣的人在一起，就像到了卖咸鱼的地方，时间长了也闻不到臭味了，因为已经融入到这个环境里了。'藏丹的地方时间长了也会变红，藏漆的地方时间长了也会变黑，这也是因为所处的环境影响，才使它变成这样的啊！所以说真正的君子必须谨慎选择自己身处的环境。"

【义理揭示】

本文提出了君子之所以要慎处的原因,主要是因为"近朱者赤,近墨者黑"。有时候,我们所处的外在环境可以改变一个人,因为与什么样的人相处,自己也会不知不觉地受其影响,因此,我们要认真地选择朋友,谨慎地选择和面对自己所处的环境。

《弟子规》云:"能亲仁,无限好。德日进,过日少;不亲仁,无限害。小人近,百事坏。"意思是说亲近仁德之人,亲近良师益友,都可以提高我们的道德学问。而与不善之人相处,便会受到坏的影响,有损道德。选择朋友,对我们的一生至关重要,而如何选择好的朋友,《论语·季氏篇》告诉了我们,"益者三友:友直,友谅,友多闻"。正直的朋友,宽厚仁恕的朋友,博学广识的朋友,这些良师益友,需要谨慎待之。

二 交往不可不慎

【原文选读】

逢蒙①学射于羿②,尽羿之道,思天下惟羿为愈己,于是杀羿。孟子曰:"是亦羿有罪焉。"公明仪曰:"宜若无罪焉。"曰:"薄乎云尔③,恶得无罪?郑人使子濯孺子侵卫,卫使庾公之斯追之。子濯孺子曰:'今日我疾作,不可以执弓,吾死矣夫!'问其仆曰:'追我者谁也?'其仆曰:'庾公之斯也。'曰:'吾生矣。'其仆曰:'庾公之斯,卫之善射者也。夫子曰吾生,何谓也?'曰:'庾公之斯学射于尹公之他,尹公之他学射于我。夫尹公之他,端人也,其取友必端矣。'庾公之斯至,曰:'夫子何为不执弓?'曰:'今日我疾作,不

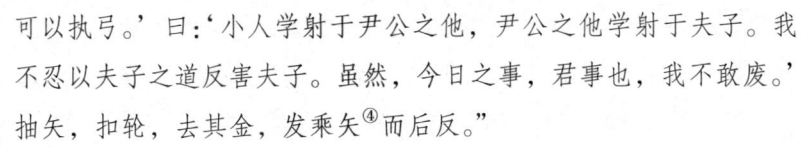

可以执弓。'曰：'小人学射于尹公之他，尹公之他学射于夫子。我不忍以夫子之道反害夫子。虽然，今日之事，君事也，我不敢废。'抽矢，扣轮，去其金，发乘矢④而后反。"

(选自《孟子·离娄下》)

注释：

①逢（páng）蒙：古人名，夏代善于射箭的人。后羿的学生和家众，后来叛变，帮助寒浞杀了羿。

②羿：又称后羿，传说是夏代有穷国的君主。

③薄乎云尔：(过错)不大罢了。薄，小；云尔，而已，罢了。

④乘（shèng）矢：古代称四为乘，四支箭。

【文意疏通】

逢蒙向后羿学习射箭，完全学会了后羿的射箭技术后，他想天下只有后羿比自己强了，于是便把羿杀了。孟子说："这事后羿也有过错。"公明仪说："后羿好像没有什么过错吧。"孟子说："过错不大罢了，怎能说没有过错？郑国曾派子濯孺子去进攻卫国，卫国派庚公之斯去追击他。子濯孺子说：'今天我的病发作了，不能拿弓，我活不成了！'问给他驾车的人说：'追我的是谁？'给他驾车的人说：'是庚公之斯。'子濯孺子便说：'我死不了啦。'给他驾车的人说：'庚公之斯是卫国优秀的射手，您却说您死不了，此话怎讲？'他回答说：'庚公之斯曾向尹公之他学射箭，而尹公之他向我学射箭。尹公之他是正派人，他选择的朋友也一定正派。正派人是不会杀死他的老师的。'庚公之斯追上来，问：'您为什么不拿弓？'子濯孺子说：'今天我的病发作了，不能拿弓。'庚公之斯说：'我向尹公之他学射箭，尹公之他又向您学射箭，我不忍心用您的技术反过来伤害您。虽然如此，今天的事是国君的大事，我不敢废弃。'于是拔出箭，在车轮上敲了几下，去掉箭头，射了四箭，然后就回去了。"

【义理揭示】

交往不可不慎。孔子说过"无友不如己者"，也说过"亲仁"等，这些都强调了在与人交往时，应该择善而从，不应该结交那些品行不端之人。文中孟子认为后羿有罪过，也是基于此。从某种意义上说，后羿被杀是他用人不当所致。

当今社会有不少领导在选拔和任用干部时，也不免会犯类似的"羿之过"。他们喜欢那些终日都围着自己转的人，喜欢听阿谀之词，重用那些奸佞之人，到头来，往往都会败坏在这些小人身上，自食其果，这都是用人不慎的结果。

这则故事告诉我们，选择朋友也好，做徒弟也好，最重要的还是要有良好的品德。

三 择师长不可不慎

【原文选读】

君子知至学[①]之难易，而知其美恶[②]，然后能博喻[③]。能博喻，然后能为师。能为师，然后能为长。能为长，然后能为君。故师者，所以学为君也。是故择师不可不慎也。《记》曰："三王四代[④]惟其师。"其此之谓乎！

（选自《礼记·学记》）

第八章　交往以慎

注释：

①至学：求学。

②美恶：这里指天资的高下。

③博喻：广泛的知晓和明白。

④三王：指夏、商、周三朝的开国君主，即夏禹、商汤，以及周文王和周武王的合称。四代：指虞、夏、商、周四个朝代。

【文意疏通】

君子懂得求学有难有易，并且懂得人的天资有高有低，然后才能因材施教，广泛地晓谕。能广泛地晓谕，然后才能当老师。能当老师，然后才能当长官。能当长官，然后才能当国君。所以当老师，也就是学习当国君。因此，选择老师不可以不谨慎。古书上说："虞、夏、商、周四代三王，选择老师都很慎重。"大概说的就是这个道理吧！

【义理揭示】

我们知道，商、周以来，历代国君都是世袭的，几乎没有教书匠能做国君的事情。即使不是世袭，多半也是凭借武力或阴谋诡计才能当上国君。无论从哪个方面说，教师与长官、国君都相去甚远。官员和国君的人品、学识、眼光、修养、胸怀等，未必都能比得上教师。教师要为人师表，官员和国君大概并不太在乎这一点，他们关心的主要是权力和利益。

选择老师固然要慎重，但千万不要把老师同官员、国君扯到一起，甚至等同起来。要知道为官有为官之道，为师有为师之道，两者实在不可同日而语。

四 以慎接于物

【原文选读】

太史公牛马走①司马迁,再拜言。少卿足下:曩②者辱赐书,教以慎于接物,推贤进士为务,意气勤勤恳恳。若望仆不相师,而用流俗人之言,仆非敢如此也。虽罢驽③,亦尝侧闻④长者之遗风矣。顾自以为身残处秽⑤,动而见尤,欲益反损,是以独郁悒而谁与语。

谚曰:"谁为⑥为之?孰令听之?"盖钟子期死,伯牙终身不复鼓琴。何则?士为知己者用,女为悦己者容。若仆大质已亏缺矣,虽才怀随、和⑦,行若由、夷,终不可以为荣,适足以见笑而自点耳。书辞宜答,会东从上来,又迫贱事,相见日浅,卒卒无须臾之间,得竭志意。今少卿抱不测之罪,涉旬月,迫季冬,仆又薄从上雍,恐卒然不可为讳,是仆终已不得舒愤懑以晓左右,则长逝者魂魄,私恨无穷。请略陈固陋。阙然久不报,幸勿为过!

(选自《报任少卿书》)

注释:

①太史公:即司马迁所担任的官职太史令。牛马走:牛马,谦辞,意为像牛马一样以供奔走;走,义同"仆",奴仆。

②曩(nǎng):从前,先前。

③罢(pí):通"疲",疲惫。驽(nú):劣马。

④侧闻：从旁边听说，犹言"伏闻"，自谦之辞。
⑤身残处秽：指因受宫刑而身体残缺，兼与宦官贱役杂处。
⑥谁为（wèi）：为了谁。
⑦随、和：指随侯之珠与和氏之璧，是战国时的珍贵宝物。

【文意疏通】

　　像牛马一样替人奔走的仆役太史公司马迁，再拜致意。少卿足下：从前承蒙您给我写信，教导我用谨慎的态度在待人接物上，以推举贤能、引荐人才为己任，情意十分恳切诚挚，好像抱怨我没有遵从您的教诲，而是追随了世俗之人的意见。我是不敢这样做的。我虽然平庸无能，但也曾听到过德高才俊的前辈们遗留下来的风尚。只是我自认为身体已经遭受摧残，又处于污浊的环境之中，每有行动便受到指责，想对事情有所增益，结果反而自己遭到损害，因此我独自忧闷而不能向人诉说。

　　俗话说："为谁去做，让谁来听？"自从钟子期死了以后，俞伯牙便一辈子不再弹琴。这是为什么呢？贤士乐于被了解自己的人所用，女子为喜爱自己的人而打扮。像我这样的人，身躯已经亏残，即使才能像随侯珠、和氏璧那样稀有，品行像许由、伯夷那样高尚，终究不能把这些当作光荣的，只不过足以被人耻笑而自取污辱罢了。来信本应及时答复，刚巧我侍从皇上东巡回来，后又为烦琐之事所逼迫，同您见面的日子很少，我又匆匆忙忙没有些空闲来详尽地表达心意。现在您蒙受意想不到的罪祸，再过一月，临近十二月，我侍从皇上到雍县的日期也迫近了，恐怕突然之间您就会有不幸之事发生，因而使我终生不能向您抒发胸中的愤懑，那么与世长辞的灵魂会永远留下无穷的遗怨。请让我向您略微陈述浅陋的意见。隔了很长的日子没有复信给您,希望您不要责怪。

【义理揭示】

上文中司马迁以极其激愤的心情,向少卿足下表达自己谢意的同时,认真地申述了自己的不幸遭遇,真切抒发了内心独自忧闷而不能诉说的无限痛苦,表现出他为实现可贵的理想而甘受凌辱以后,所具有的坚韧不拔的战斗精神。司马迁身处污秽的环境中,却不去追随世俗之人的意见,身躯虽已亏残,却不把高尚品行当作光荣的资本,无不传递出君子"以慎接于物"这一思想的深刻内涵。

五 孙叔敖为楚令尹

【原文选读】

孙叔敖为楚令尹①,一国吏民皆来贺。有一老父衣②粗衣,冠白冠,后来吊③。孙叔敖正衣冠而出见之,谓老父曰:"楚王不知臣不肖④,使臣受吏民之垢⑤,人尽来贺,子独后来吊,岂有说乎?"父曰:"有说:身已贵而骄人者民去之,位已高而擅权者君恶⑥之,禄已厚而不知足者患处之⑦。"孙叔敖再拜曰:"敬受命⑧,愿闻余教。"父曰:"位已高而意益下⑨,官益大而心益小⑩,禄已厚而慎不敢取。君谨守此三者,足以治楚矣!"

(选自《说苑·敬慎》)

注释:

①令尹:楚国官名,相当于宰相。

②老父：老人，下文中"父"，即此老人。衣：动词，穿。
③吊：慰问，吊唁。
④不肖：不才，没有贤德。
⑤受吏民之垢：意即担任宰相一事，这是一种谦虚的说法。
⑥恶：意动用法，对……感到厌恶。
⑦患处之：祸患潜伏在那里。
⑧敬受命：恭敬地聆听您的教诲。
⑨意益下：越发地把自己看低。
⑩心益小：思想更加小心谨慎。

【文意疏通】

　　孙叔敖担任楚国的宰相，全国的官吏百姓都来祝贺。有一个老人，穿着麻布制的衣服，戴着白色的帽子，最后来表示慰问。孙叔敖整理好衣帽出来接见了他，对老人说："楚王不知道我没有贤德，让我当了宰相，人们都来祝贺，只有您独自来吊唁，莫非有什么要教导我的吗？"老人说："我是有话要说。身份已经很高贵但是待人傲慢的人，人民会离开他；地位已经很高但是擅弄职权的人，君主会厌恶他；俸禄已经很多但是不知足的人，祸患就会潜伏在那里。"孙叔敖向老人拜了两拜，说："我恭敬地聆听并接受您的教导，愿意再听听您的教诲。"老人说："地位越高，越要为人谦恭；官职越大，思想越要小心谨慎；俸禄已经很丰厚，就不应索取分外的财物。您应该严格地遵守这三条，就能够把楚国治理好了！"

【义理揭示】

　　这则故事告诉我们，统治者应该有勇气广开言路，善于纳谏。文中老父的话传递出，我们在交往的过程中要懂得谦虚谨慎。面对老父"位已高而意益下，官益大而心益小，禄已厚而慎不敢取"的谏言，孙叔敖的态度不是恼怒，而是虚心求教。从他的行动"正衣冠而见之""再拜"和言语"敬受命"，都可以看出这一点。

孙叔敖虽居高位却能虚心求教，因为他自己心里明白，自己之所以处在上位，是凭自己的才德，而之所以处在下位，也不是因为自己有过错。有人问孙叔敖的为官之道，他回答说："我三次当楚国的宰相而心里更加谦虚，每次增加俸禄时，施舍也会更多更普遍，地位越尊贵而待人的礼数越恭谨。"为人处世的谨慎，使他最终获得了楚国民众的拥护。

六 直为人廉慎

【原文选读】

直为人方面修髯①，仪观甚伟。性严重，不苟言笑。及与人交，恂恂②如也。在翰林二十余年，稽古代言编纂纪注之事，多出其手。与金溪王英齐名，人称"二王"，以居地目直曰"东王"，英曰"西王"。……及长吏部，益③廉慎。时初罢廷臣荐举方面大吏，专属吏部。直委任曹郎，严抑奔竞。凡御史巡方归者，必令具④所属贤否以备选擢⑤，称得人。

其子积为南国子博士。考绩至部，文选郎欲留侍直，直不可，曰："是乱法自我始也。"朝廷以直老，命何文渊为尚书佐之。文渊去，又命王翱，部遂有二尚书。直为尚书十四年，年益高，名德日益重。帝优礼之，免其常朝。

比家居，尝从诸佃仆耕耔⑥，击鼓歌唱。诸子孙更迭举觞上寿。……天顺六年卒,年八十四。赠太保,谥文端。

(选自《明史·王直传》)

注释:

①髯(rán):两腮的胡子,亦泛指胡子。

②恂恂(xún):小心谨慎的样子。

③益:更加。

④具:陈述。

⑤选擢(zhuó):选拔提升。擢,提拔,提升。

⑥莳(shì):栽种。

【文意疏通】

　　王直脸盘方正胡须修长,仪表堂堂。性格严肃庄重,不随便说笑。他与别人交往时,总是恭敬谦和的样子。在翰林二十多年,考察古人言论,编纂文集,记载一些传记和注录的事,大多出自他的手笔。他和金溪王英齐名,人们称为"二王",按他们的居住地称王直为"东王",称王英为"西王"。等到他任吏部长官时,为人处世更加廉洁谨慎。当时刚刚废除朝廷大臣举荐地方重要官员的制度,这项工作专归吏部管理。王直委任曹郎,严加抑制奔走钻营跑官要官的乱象。大凡御史巡视地方回来,必定让他们详细报告所管辖的官员是否贤明能干,以备选拔,人们称赞这样做才能选拔到贤才。

　　他的儿子王积是南国子的博士,经考核来到吏部任职,文选郎打算留他侍候王直,王直不同意,并且说:"这样做扰乱法纪就从我开始了。"朝廷因为王直年老,任命何文渊为尚书来辅佐他。何文渊离任后,又任命王翱,部里于是有两个尚书。王直任尚书十四年,年岁越大,名望和德行更加显赫。皇帝优厚地礼待他,一般的朝见都不用他参加。

等到王直离职回家后,曾随同那些佃户仆人耕作栽种,打鼓唱歌。儿孙们轮流举杯为他祝寿。王直天顺六年去世,时年八十四岁。追赠为太保,谥号文端。

【义理揭示】

本篇中王直与他人的交往体现出以下两个方面的特点:一是廉洁谨慎。面对国内动荡不安的局面与忧患,王直性情严肃庄重,不随便谈笑,尤其是任吏部长官时,为人处世更加廉洁谨慎。因此,他在面对奔走钻营跑官要官的乱象时,一直坚持严加打击,对准备选拔的地方官员严格审查,其选人用人的做法颇受人们称赞。二是恭敬谦和。他离职回乡后,常随同佃户仆从们一起在田间劳作,打鼓唱歌,与民相处其乐融融。

以上两个方面无不体现出"交往以慎"的两种不同的思想境界。前者为"予慎无罪",后者为"慎言谦行",这两种境界表明"交往以慎"都必须要以从容和大度为前提和基础。

七 圣人之所慎也

【原文选读】

夫得言不可以不察,数传而白为黑,黑为白。故狗似玃[①],玃似母猴,母猴似人,人之与狗则远矣。此愚者之所以大过[②]也。

……

第八章　交往以慎

　　凡闻言必熟论，其于人必验之以理。鲁哀公问于孔子曰："乐正夔一足，信乎！"孔子曰："昔者舜欲以乐传教于天下，乃令重黎举夔于草莽之中而进之，舜以为乐正。夔于是正六律，和五声，以通八风。而天下大服。重黎又欲益求人，舜曰：'夫乐，天地之精也，得失之节也。故唯圣人为能和乐之本也。夔能和之，以平天下，若夔者一而足矣。'故曰'夔一足'，非'一足'③也。"宋之丁氏家无井，而出溉汲④，常一人居外。及其家穿井，告人曰："吾穿井得一人。"有闻而传之曰："丁氏穿井得一人。"国人道之，闻之于宋君⑤。宋君令人问之于丁氏，丁氏对曰："得一人之使，非得一人于井中也。"求闻之若此，不若无闻也。子夏之晋，过卫，有读史记者曰："晋师三豕涉河⑥。"子夏曰："非也，是己亥也。夫己与三相近，豕与亥相似。"至于晋而问之，则曰，晋师己亥涉河也。

　　辞多类非而是，多类是而非，是非之经，不可不分，此圣人之所慎也。然则何以慎？缘物之情及人之情，以为所闻，则得之矣。

（选自《吕氏春秋·察传》）

注释：

①玃（jué）：猴子。

②所以：表原因，……的原因。过：犯错。

③"夔一足"，非"一足"：第一个"足"应译为"足够"，第二个"足"应译为"脚"。

④溉汲（jí）：从井里打水浇地。溉，浇灌；汲，从井里打水。

⑤闻之于宋君：这件事被宋君听到了。之，代词，指"丁氏挖井得一人"一事，作"闻"的宾语；于，介词，当"被"讲，引进主动者。

⑥三豕涉河：豕（shǐ），小猪；涉河，渡过黄河。

【文意疏通】

传言不能不明察，多次传说后白的就变成黑的了，黑的就变成白的了。本来狗像玃，玃又像母猴，母猴又像人，可是人与狗相比就相差太远了。这是愚蠢的人犯大错误的原因。

……

凡是听到传言一定要仔细论证，它让人们必须用道理去验证。鲁哀公问孔子说："乐正夔有一只脚，的确是这样吗？"孔子回答："从前舜要用音乐教化天下的人，于是让重黎从民间推举出夔并且重用他，舜让他做了乐正。夔于是确定了六律，使五音和谐，八音平和。天下人非常佩服他。重黎还要多举荐一个人，舜说：'音乐，是天地万物的精华，是表现得失的关键。因此只有圣人是能够让音乐从根本上做到和谐的人。夔能够让音乐和谐，让天下安定，像夔这样的人有一位就足够了。'所以应该是'夔一个人就足够了'，不是'夔一只脚'啊。"宋国有一姓丁的人家没有水井，就到外面去洗衣服、打水，经常是一个人在外面。等到他家里挖出水井，家人就告诉别人说："我家挖井得一个人。"有一个人听说了这件事，传言说："丁家挖井得到一个人。"国中人们都传说这件事，宋国君主听说了这件事。宋国君主让人向丁氏询问此事，丁氏回答说："我们打井得一个人的劳力，不是从井中挖出一个人。"像这样听到的传言，不如没有听到。子夏到晋国去，路过卫国，有个读史书的人说："晋国军队有三头猪渡过了黄河。"子夏说："不是这样，是己亥啊。己似三、豕与亥字形相似。"子夏到晋国后问起了这件事，当地人说，晋国军队在己亥这天渡过了黄河。

传言大多似是而非，正确错误的界限不能不分明，这是圣人最谨慎的。那么，怎样才能做到谨慎呢？要根据事物的情况和人的实情（来辨别），才能得到真相，这样就能做到谨慎了。

【义理揭示】

　　本文讲的是对待所谓的传言，不但要做到明察，而且应怀有深思慎取的态度，才能明确地分清正确与错误之间的界限，这是圣人对待传言的谨慎态度。那么，怎样才能做到谨慎呢？文中作者告诉我们，要根据事物的情况和人的实情进行分析和思考，这样就能做到谨慎了。

　　同样，人与人的交往也是如此。我们不要被他人的流言蜚语或表面现象所蒙蔽，而应该谨慎地对待实际情况，尊重事物发展的客观规律，用"耳闻目见"的方式和态度传递出现实的真实，做到"深思而慎取"。

八　曾子衣敝衣以耕

【原文选读】

　　曾子衣①弊衣②以耕，鲁君使人往致③邑焉，曰："请以此修衣④。"曾子不受。反⑤，复往，又不受，使者曰："先生非求于人，人则献之，奚⑥为不受？"曾子曰："臣闻之，受人者畏人，予人者骄人。纵⑦君有赐，不我骄⑧也，我能勿畏乎？"终不受。孔子闻之，曰："参之言，足以全⑨其节也。"

（选自刘向《说苑·立节》）

注释：

①衣（yì）：穿。

②弊衣：破旧衣服。

③致：送给。

④修衣：添置衣物。

⑤反：通"返"，返回。

⑥奚：疑问代词，为什么，哪里。

⑦纵：纵然。

⑧然不我骄：即"不骄我"，不对我显露骄色。

⑨全：使动用法，使……保全。

【文意疏通】

曾子穿着很破旧的衣服在耕田，鲁国的国君派人封送给他一座城池，说："请先生用封地内的财富来买一些好衣服吧。"曾子坚决不肯接受。那人回去后，再一次送来，曾子还是不肯接受。使者说："这又不是先生你向人要求的，是别人献给你的，你为什么不接受呢？"曾子说："我听说，接受别人馈赠的人就会害怕得罪馈赠者；给了人家东西的人，就会对接受东西的人显露骄色。纵使国君赏赐给我土地，也不对我显露一点骄色，但我能不因为这个害怕得罪他吗？"曾子最终还是没有接受。孔子知道了这件事，就说："曾参的话，是足够可以保全他的气节和操守的。"

【义理揭示】

无功不受禄，要自食其力，这是理所当然的。曾子对鲁国，虽然没有什么特别的贡献，而鲁国国君却要给他一座城池，仅仅是为了帮助他"修饰仪表"。虽然这是国君的一片好心，却体现了他对

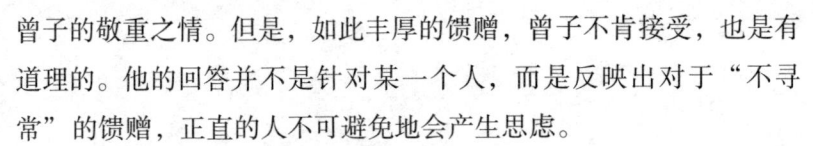

曾子的敬重之情。但是，如此丰厚的馈赠，曾子不肯接受，也是有道理的。他的回答并不是针对某一个人，而是反映出对于"不寻常"的馈赠，正直的人不可避免地会产生思虑。

同样，亲友之间的相互赠送，系于情谊，也不必过于拒让，因为彼此之间并没有什么报答与不报答的问题。但是，如鲁国国君以一座城池相赠，这非同小可，我们还是有必要用曾子的话来考虑一下，是否应该接受，还得要谨慎处之。

九 晏子御者之妻

【原文选读】

晏子为齐相，出，其御①之妻从门间而窥其夫。其夫为相御，拥大盖，策②驷马，意气扬扬，甚自得也。既而归，其妻请去。夫问其故。妻曰："晏子长不满六尺，身相齐国，名显诸侯。今者妾观其出，志念③深矣，常有以自下④者。今子长八尺，乃为人仆御，然子之意自以为足，妾是以求去也。"其后夫自抑损⑤，晏子怪⑥而问之，御以实对。晏子荐以为大夫。

(选自《史记·管晏列传》)

注释：

①御：驾驭车马的人。

②策：马鞭，用作动词，挥鞭赶车。

③志念：心意，思想或想象的内容。

④自下：使自己处于别人之下。

⑤抑损：谦卑。

⑥怪：意动用法，对……感到奇怪。

【文意疏通】

　　晏子做齐国宰相，有一天乘车外出，他的车夫的妻子从门缝里偷偷地看。只见她的丈夫给宰相驾车，支起车上的大伞盖，挥鞭赶着驾车的四匹马，神气十足，非常得意。不久，车夫回到家里，他的妻子就要求离去。丈夫问她离去的原因。妻子说："晏子身高不满六尺，却做了齐国的宰相，名扬诸侯。今天我看他外出，思虑深沉，常常表现出谦卑的神态。而你身高八尺，却给人家做车夫，可是你的心意反而自以为满足了，我因此要求离去。"从此以后，车夫自己就谦虚谨慎了，晏子觉得很奇怪，便问他原因，车夫便如实相告。晏子便推荐他做了大夫。

【义理揭示】

　　文段鲜明地阐明了"满招损，谦受益"的道理。文章通过车夫和妻子的对话，从侧面表现了晏子为人低调，谦虚恭谨，善于举荐的品质。人在任何时候都不要忘乎所以，骄傲多半也是因为自己的无知。御者之妻从晏子的态度举止中看到了做人的"志念"，并用以教导自己的丈夫，从而让容易自满的丈夫，树立起了远大的志向。有妻如此，是御者之福。

　　这则故事启示我们：做人须谦恭、勿张扬，方能见其志之大；反之，如果一味地骄傲、得意和自足，只能说明人的浅薄和胸无大志。

十 母贤子清

【原文选读】

善果笃①慎,事亲至孝。母崔氏贤明,晓于政道,每善果理务,崔氏尝于阁内听之。闻其剖断合理,归则大悦;若处事不允②,母则不与之言,善果伏于床前,终日不敢食。崔氏谓之曰:"吾非怒汝,仅愧汝家耳。汝先君在官清恪③,未尝问私,以身殉国,继之以死。吾亦望汝继父之心。自童子承袭茅土,今位至方伯,岂汝身能致之耶?安可不思此事而妄加嗔怒④?内则坠⑤尔家风,或亡官爵;外则亏天子之法,以取罪戾⑥。吾寡妇也,有慈无威,使汝不知教训,以负清忠之业,吾死之日,亦何面以事汝先君乎?"善果由此遂励己为清吏,所在有政绩,百姓怀之。

(选自《旧唐书·列传第十二》)

注释:

① 笃:忠诚。
② 不允:不公平。
③ 清恪:清廉谨慎。
④ 嗔怒:恼怒、愤怒的样子。
⑤ 坠:败坏。
⑥ 罪戾:罪过,罪恶,罪行。

【文意疏通】

郑善果忠诚谨慎,侍奉母亲非常孝顺。他的母亲崔氏为人贤明,通晓治政的道理。善果每次处理政务,她都在官署旁边的小门里偷听。听到他分析、判断合理，待他回来后就非常高兴；假若处理得不公平，她就不和儿子说话。这时善果就伏拜在母亲的床前，一天都不敢吃饭。崔氏告诉儿子说："我不是生你的气，反而感到对你们郑家有愧。你父亲做官清廉谨慎，未尝徇私枉法，以身殉国，直到最后死去。我也希望你能继承父亲的遗志。你从儿童时就承袭了官爵，现在已经做了一方之长，这难道是你本身能够取得的吗？我怎么能不想想这些而妄加生气呢？你办事不公，对内来说，就败坏了家风，或许也会因此而丢了官爵；对外来说，就亏损了皇上的法规，以致招来罪过。我是一个寡妇，对你光有慈爱，没有威严，就使你不知教训，而辜负你父亲清廉忠正的事业，那么我死的时候，又有什么脸面去侍奉你死去的父亲呢？"善果因此就勉励自己要做一个清官，所在的地方都取得了很好的政绩，老百姓都很怀念他。

【义理揭示】

　　本篇表现了郑善果为人忠诚谨慎，侍奉母亲十分孝顺的品格。他的忠诚谨慎表现在，对待自己处理政务中出现的不公平，能够谨慎地听取母亲的意见，懂得应当把俸禄用来供奉先人，并以此勉励自己要做清官。而继承父亲的遗愿，不让"没有威严"的母亲觉得有愧，不辜负忠正廉洁的事业，不败坏家风，不玷污国家法规，这些都可以视为"忠孝"的表现。此外，本篇中郑善果母亲的话，时刻在警醒着我们，无论何时何地，为人处世都要谨慎，更不能做败坏自己和他人名声的事情。

第八章 交往以慎

文化倾听

《吕氏春秋》中有一则故事，说楚国有一个善于给人相命的人，他所说的话无不应验，楚庄王问其缘故，相师说："其实我不是真的能给人相命，我只是能够观察一个人所交的朋友，借此来推测他的未来。一个普通百姓，如果他的朋友都是对父母孝敬、对兄弟有爱，为人正直谨慎，遵守国家法令的人，那么他的家业必定会一天天增长，他自己也会越来越发达，这种人就是所谓的'吉人'。同样，一个做官的人，如果他的朋友都是诚信而有德行、天性好善的人，那么他为君主做事，业绩肯定会不断提高，官职也会不断上升，这种人就是所谓的'吉臣'。一个君主，如果他的朝臣多贤人，身边的近臣多是忠勇之士，君主有过失，这些人都会争相劝谏，那么国家必定会一天比一天安稳，这样的君主就是'吉主'。"楚庄王认为他说得很有道理，于是就广纳人才，终于成为天下霸主。

这个故事虽然简短，却可以给我们很多启发。当我们需要了解一个人的时候，不仅可以从其自身的言行获得信息，他的朋友圈子是什么样子，也会间接暴露出许多重要的信息。孔子对这种认识人的方式和经验作了很精辟的概括"不知其人观其友"。其中，在《孔子家语·六本》中也有同样的话，"不知其子视其父，不知其人视其友，不知其君观其所使，不知其地视其草木"说的就是这个道理。

古人云："一生之成败，皆关乎朋友之贤否，不可不慎也。"古人交往非常谨慎，上文中的君子"慎其处，不亲仁，无限害"，君子与人交往，慎于廉，慎于接物，就说明了这一点，正所谓"道不同不相为谋"。浮山法远禅师说："古人亲师择友，晓夕不敢自怠。"东汉时期的管宁，不惜与贪图钱财名利的华歆"割席绝交"。因此，与人交往，言行不可不谨慎。

荀子有言："人生不能无群。"从个人的心理特点来看，在社会交往中每个人总希望自己归属于某个交往群体，并得到这个群体的充分肯定、尊重与爱护。这种需要和满足，也只有通过正常的社会交往来实现。因此，在生活中我们要保持不骄傲、不自满的态度，以乐观积极的态度来面对人生、面对生活，这样才能使更多的人愿意与你交往，甚至愿意与你结为好友。

我们都知道，人的一生总会有几个朋友，谁都渴望得到朋友的信任与帮助，交到真诚和正直的朋友。然而，与什么人交朋友，如何谨慎交友，这些都是应积极面对的问题。如果我们在交朋友方面不谨慎、不亲仁，在个人思想道德修养方面出现滑坡，就很难明辨是非，难以达到上文中所说的"圣人之所慎也"的要求。

常言道："一生之成败，皆关乎朋友之贤否，不可不慎。"从近年来发生在领导干部身上的违纪违法案件看，一些人蜕化变质，或多或少是从交友不慎开始的。交友不慎，还会导致"朋友圈"间接坑人。所以，充分认清、正确对待社会交往，净化社交圈，这些都是我们必须要处理好的问题。

"志当高远，事当谨慎"，这是历史给我们的教训。怎样做到交往以慎呢？首先就要做到有选择。朋友之间，无论志趣品行，还是功名事业，总是相互影响的。山东范县人吕僧珍，从南齐时起，便随从萧衍。萧衍为豫州刺史时，他任典签。萧衍任领军时，他补为主簿。吕僧珍有大功于萧衍，被萧衍恩遇重用，其所受优待，无人可以相比。但他从未居功自傲，恃宠纵情，而是更加小心谨慎。当值宫禁之中，盛夏也不敢解衣。每次陪伴萧衍，总是屏气低声，不随意吃桌上的东西。有一次，他喝醉了酒，拿了桌上一个柑橘。萧衍笑着说："卿真是大有进步了。"拿一个柑橘就被认为是大有进步，可谓是深知立身之道的智者。他功高不自居，身贵不自傲，从而使皇帝对他信任有加。吕僧珍58岁时病死，梁武帝萧衍下诏加谥为忠敬侯。吕僧珍善有其终，这和他立身谨慎是分不开的。同样，诸葛亮一生唯其"谨慎"，所以他没有犯什么错误，他一生的智慧也在于"谨慎"二字。

其次，交往要有尺度。必须以"信"为基础，以"德"为依据，坚持"君子之交淡如水"，不能只讲关系不讲原则，只讲义气不讲是非，更不能把朋友之间的感情关系异化为庸俗的金钱和利益关系。尤其是网络交友和对相知多年的老朋友，更要始终保持交往的纯洁性，千万不要突破原则和底线。

古人云："与善人居，如入芝兰之室，久而不闻其香，即与之化矣。与不善人居，如入鲍鱼之肆，久而不闻其臭，亦与之化矣。"（《孔子家语·六本》）越是在高位的人，人际关系也越是繁多而复杂。因此，我们要把交往作为生活中的一件大事来对待，严格交往的原则，纯洁交往的动机，升华交往的境界，真正懂得"交往以慎"的道理。

古希腊大哲学家亚里士多德说："在不幸中，有用的朋友更为必要；在幸运中，高尚的朋友更为必要。在不幸中，寻找朋友出于必需；在幸运中，寻找朋友出于高尚。"只有正确交友，才能让你的人生更精彩。千金易得，知己难求。正因为如此，才需要我们不断思考与探究。

文化传递

　　社会不是真空，每个人或多或少都有朋友。但社会往往又比较复杂，如果交往不慎，会给自己和他人造成一定的伤害。在纷繁复杂的社会现实面前，每个人都应当"吾日三省吾身"，并且学会认真思考"今天我谨慎了吗？"这一人生和社会课题。

　　人与人之间，需要彼此尊重，保持谦虚谨慎，更需要我们在工作和生活中自觉做到"三慎"，即慎独、慎微、慎友。这是"人之为人"的基本要求，也是我们在交往中提升自我修养、保持自我本色的有效途径。

　　慎独，是我国古代儒家创造出来的自我修身方法。意思是谨防自我放纵，在无人监督的情况下能够坚持原则、恪守道德，这是交往以慎的根本。"慎独"最初出自《礼记·中庸》："莫见乎隐，莫显乎微，故君子慎其独也。"是说一个人在有人监督的时候不做坏事，还比较容易，难得的是独处一地也能保持这种美德。要做到慎独，必须不断增强自我监督的意识，奉行"吾日三省吾身"，经常扪心自问，绝不能言行相悖、表里不一。此外，要做到慎独，还必须严守防线，自觉抵制各种外物干扰，坚持自检自省、自我约束，能够经常反思自己的行为，检点自己的作风，能够在无人监督的情况下，恪守自己的道德信念，光明磊落，洁身自好。

　　慎微，就是注重小节，持之以恒地在细微处严格要求自己，这是交往以慎的关键。古人云："不虑于微，始成大患；不防于小，终亏大德。"任何事物的发展变化都有一个由小到大、由量变到质变的过程。小恶不注意，任其发展，势必会酿成大祸。其实，个人小节从来就不是什么小事，如何对待一些看似平常、很不起眼的小事，往往能反映出一个人的作风和形象。如果对"微"不严防，对"渐"不严堵，最终必然会突破思想和道德的防线。正所谓"小事当慎，小节当拘"，每个人都应该从小事小节上加强自身修养，从一点一滴中自觉完善自己，懂得"是非明于学习、境界升于自省"的道理，始终保持自我的本色。

俗话说："大事看才，小事看德"，凡是能成大事者，必定是能在细微处严于律己的人，而那些小事上放纵自我的人，难免会走向堕落。因此，修身养德必须慎于微，恪尽职守和成事成人，也必须在这方面下功夫，切不可心浮气躁，急功近利。殊不知，从古至今伟大的事业往往都源于细节的积累，只有一步一个脚印，才能在成就他人之美的同时，不断走向人生的辉煌，从而提升自我修养的境界。

慎友，就是择善而交。我们在社会交往中要始终保持态度端正，把握适度，这是交往以慎的核心。社会交往是人们社会活动的重要内容，我们每个人都不例外。然而，交往对象的选择，对一个人的发展和影响有着很大的促进作用。好的朋友会互相勉励，共同进步；坏的朋友只会相互利用，共同堕落。正如古人所说："与邪佞人交，如雪入墨池，虽融为水，其色愈污；与端方人处，如炭入熏炉，虽化为灰，其香不灭。"朋友也有高下之分，交往当然也有损益之别。交友受益，前提是交往正常、健康。那种虚于应酬、空耗时日的泛泛之交，吃吃喝喝、拉拉扯扯的庸俗之交，只是互相利用、投桃报李的势利之交，有百害而无一利。

因此，要做到慎友，首先就必须端正交往动机。周恩来同志说过："情义只有建立在人民的利益之上，才是伟大的、崇高的。"他认为应抱着学习提高、推动工作、修正错误的目的去交朋友，经常与学有专长、思想敏锐、见识广博的朋友交流探讨。尽可能多地与普通群众交朋友，倾听他们的肺腑之言，不断增进与人民群众的感情。在工作和生活中多交一些坦诚相见、直率敢言的诤友，多听一些逆耳的忠言，帮助自己不断提高思想水平，减少工作中不必要的失误。

当然，提倡"交往以慎"并不是畏首畏尾，也不是胆小甚微，而是讲究知行并进、躬行实践的交往方式，努力追求淡泊简朴的交往境界，这样既可以使自己身心轻松，又有利于培养真挚纯洁的友情，保持自己的为人本色。

总之，现实生活中人与人之间总会存在一定的利益关系和互存关系。以上三者是一个密切联系的统一体，能够体现出一个人的清醒、自警、责任和使命。只有从提高道德修养和人生境界的高度出发，时刻牢记并身体力行"三慎"，防微杜渐，警钟长鸣，不断地在实践中锤炼自我，永远保持纯洁的本色，才能最终赢得别人的真心拥护和对自己的最大赏识。

文化感悟

1. 随着时代的发展，人们交往的方式也发生了一些变化。在网络交友这种方式中，我们应该"慎"的又有哪些呢？

2. 结合课文《谏太宗十思疏》中"载舟覆舟，所宜深慎"一句，谈谈你对"深慎"的理解与思考。

第九章　交往以礼

文化典籍

一　不学礼，无以立

【原文选读】

陈亢①问于伯鱼②曰："子亦有异闻③乎？"对曰："未也。尝独立，鲤趋而过庭，曰：'学诗乎？'对曰：'未也。''不学诗，无以言。'鲤退而学诗。他日，又独立，鲤趋而过庭，曰：'学礼乎？'对曰：'未也。''不学礼，无以立。'鲤退而学礼，闻斯二者。"陈亢退而喜曰："问一得三，闻诗，闻礼，又闻君子之远④其子也。"

(选自《论语·季氏》)

注释：

①陈亢（gāng）：字子禽，又名原亢，生于公元前511年，蒙（今安徽蒙城）人。

②伯鱼：孔子的儿子鲤的字，后用作对别人儿子的美称。

③异闻：这里指不同于对其他学生所讲的内容。

④远（yuàn）：不亲近，不偏爱。

【文意疏通】

陈亢问伯鱼："你在老师那里听到过什么特别的教诲吗？"伯鱼回答说："没有呀。有一次，他独自站在厅堂里，我快步从庭里走过，他问：'你学诗了吗？'我回答说：'没有。'他说：'不学诗，就不懂得怎么说话。'我回去就开始学诗。又有一天，他又独自站在厅堂里，我快步从庭中走过，他问：'你学礼了吗？'我回答说：'没有。'他说：'不学礼，就不懂得怎样立身。'我回去就开始学礼。我就听到过这两件事。"陈亢回去后高兴地说："我提了一个问题，却得到了三个方面的收获，听到了关于诗的启发，听到了关于礼的启发，又听到了君子不偏爱自己儿子的启发。"

【义理揭示】

礼仪是中华民族的传统美德，从古至今，源远流长。《论语》中说："不学礼，无以立。"也就是说不学礼仪礼貌，就难以有立身之处。而文明礼仪，并不是一朝一夕就能学好的。在"孔融让梨"这个故事中，四岁的孔融之所以让我们敬佩，正是因为他懂得谦让，懂得给予别人，懂得只要别人快乐就是自己最大的幸福。一个文化程度很高，但不懂得礼仪的人，他只是一个"有知识，没文化"的人，是一个对社会毫无用处的人。因为道德常常能填补智慧的缺陷，而智慧却永远也填补不了道德的缺陷。

二 孔子观乡射

【原文选读】

孔子观于乡射①,喟然叹曰:"射之以乐也,何以射?何以听?循声而发不失正鹄者,其唯贤者乎?若夫不肖之人,则将安能以求饮?《诗》云:'发彼有的,以祈尔爵。'②祈,求也。求所中以辞爵。酒者,所以养老、所以养病也。求中以辞爵,辞其养也。是故士使之射而弗能,则辞以病,悬弧之义③。"

于是退而与门人习射于矍相之圃,盖观者如墙堵焉。试射至于司马④,使子路执弓矢,出列延,谓射之者曰:"奔军之将,亡国之大夫,与为人后⑤,不得入,其余皆入。"盖去者半。又使公罔之裘、序点扬觯⑥而语曰:"幼壮孝悌,耆老好礼,不从流俗,修身以俟死者,在此位。"盖去者半。序点又扬觯而语曰:"好学不倦,好礼不变,耄期⑦称道而不乱者,则在此位。"盖仅有存焉。

射既阕,子路进曰:"由与二三子者之为司马,何如?"孔子曰:"能用命矣。"

(选自《孔子家语·观乡射》)

注释:

①乡射(shè):古代射箭饮酒的礼仪。乡射有二:一是州长春秋于州序(州的学校)以礼会民习射,一是乡大夫于三年大比贡士之后,乡大夫、乡老与乡人习射。

②《诗》两句:选自《诗经·小雅·宾之初筵》。以祈尔爵:祈求你免被罚酒。

③悬弧之义：古代的风俗，家中生了男孩，便在门左首悬挂一张木弓以示庆贺，此处暗示射箭是男子从事的事。

④司马：官名，掌管军政和军赋。因子路此时官为司马，故这里指子路。

⑤人后：指过继给别人作后嗣。

⑥扬觯（zhì）：举起酒器，古时饮饯时的一种礼节。

⑦耄（mào）期：指八九十岁的年纪，言虽老而能称，解道而不乱。

【文意疏通】

孔子观看乡射礼，长叹一声说："射箭时配上礼仪和音乐，射箭的人怎能一边射，一边听呢？努力修养身心而发出的箭，并能射中目标，只有贤德的人才能做到。如果是不肖之人，他怎能射中而罚别人喝酒呢？《诗经》说：'发射你的箭射中目标，祈求你免受罚酒。'祈，就是求的意思。祈求射中而免受罚酒。酒，是用来养老和养病的。祈求射中而辞谢罚酒，就是推辞别人的奉养。所以，如果让士人射箭，假如他不会，就应当以有病来辞谢，因为男子生来就应该会射箭。"

于是，孔子回来后和弟子们在矍相的园圃中学习射箭，观看的人多得好像一堵围墙。当射礼行至子路时，孔子让子路手执弓箭出来邀请比射的人，说："败军之将、丧失国土的大夫和做过别人后嗣的人，一律不准入场，其余的人都可以进来。"听到这话后，在场的人走了一半。孔子又让公罔之裘、序点举起酒杯说："幼年壮年时能孝敬父母，友爱兄弟，到老年还爱好礼仪，不随流俗，修身以待终年的人，就请留在这个地方。"结果人又走掉了一半。序点又举杯说："好学不倦，好礼不变，到老还言行不乱的人，请留在这里。"结果只有几个人留下来没有走。

射箭结束后，子路走上前对孔子说："我、序点等这些人来做司马，怎么样？"孔子回答说："可以胜任了。"

【义理揭示】

孔子很重视基层礼仪，即乡射礼，它盛行于先秦时期，每年春秋两季，各乡的行政长官、乡大夫都要以主人的身份，盛情邀请当地的卿、大夫、士和学子，在学校中举行乡射礼。孔子也会亲自带领弟子们去练习和实践。

在习射的同时，孔子会不失时机地对民众进行"礼"的教育，对遵守礼法者进行鼓励，并用淘汰的方法来教育那些礼仪有所欠缺的人。乡射礼不仅是一种技艺的练习与竞赛，更重要的是体现了一种观盛德、司礼乐、正志行，以成己立德的道德教化，这些行为都旨在阐明儒家所提倡的"不学礼，无以立"的重要意义。

三 孟子欲休妻

【原文选读】

孟子妻独居，踞①。孟子入户②视之，白其母曰："妇无礼，请去③之。"母曰："何也？"曰："踞。"其母曰："何知之？"孟子曰："我亲见之。"母曰："乃汝无礼也，非妇无礼。《礼》不云乎？'将入门，问孰存。将上堂④，声必扬。将入户，视必下。'不掩人不备也。今汝往燕私⑤之处，入户不有声，令人踞而视之，是汝之无礼也，非妇无礼也。"于是孟子自责，不敢去妇。

(选自《韩诗外传》)

注释：

①踞：箕踞，坐时随便，伸开两腿像个簸箕，是一种不拘礼节的坐相。

②户：此处指内室。

③去：除掉，去掉，此处指男方把女方赶回家，即休妻。

④堂：正屋，客厅。

⑤燕私：闲居休息。

【文意疏通】

　　孟子的妻子独自一人在屋里，伸开两条腿坐着。孟子进屋看见妻子这个样子，就向母亲说："这个妇人不讲礼仪，请准许我把她休了。"孟母说："这是什么原因呢？"孟子说："她伸开两条腿坐着。"孟母问："你是怎么知道的？"孟子说："我亲眼看见的。"孟母说："这是你不讲礼仪，不是你妻子不讲礼仪。《礼》中不是这样说吗？'将要进门的时候，必须先问屋里有谁；将要进入厅堂的时候，必须先高声传扬，让里面的人知道；将要进屋的时候，必须眼往下看。'《礼》这样讲，为的是不让人没有准备，无所防备。现在你到妻子闲居休息的地方去，进屋没有声响，她并不知道，因而让你看到了她两腿伸开坐着的样子，这是你不讲礼仪，而不是你的妻子不讲礼仪。"孟子听了母亲的教导后，便认识到自己错了，再也不敢说休妻的事了。

【义理揭示】

　　俗话说："文明交往礼为先。"我国古代传统文化非常讲究礼仪，坐有坐相，站有站相。古人比较正规的坐姿是跪坐，也叫正襟危坐。这种姿势就是席地而坐，臀部放于脚踝，上身挺直，双手规矩地放于膝上，身体气质端庄，目不斜视，以示对对方的尊重。有时为了表达说话的郑重，臀部可以适当离开脚跟，叫长跪，也叫"起"。

上文中孟子的妻子"踞"而坐，即使在家人面前也是不允许的，但是，孟子"入户（燕私）不有声"，即是无礼的行为。孟母的话告诉我们，只有知书达理，自己先知礼明礼，才能更好地认识自己的错误，做到严于律己。

四 良能良知

【原文选读】

孟子曰："人之所不学而能者，其良①能也；所不虑而知者，其良知也。孩提之童②无不知爱其亲也，及其长也，无不知敬其兄也。亲亲，仁也；敬长，义也。无他，达之天下也。"

（选自《孟子·尽心上》）

注释：

①良：本能的，天然的。
②孩提之童：指年龄在两三岁之间的小孩子。

【文意疏通】

孟子说："人不用学习就能做到的，是良能；不用思考就知道的，是良知。两三岁的小孩子没有不知道亲爱他父母的，等到他长大了，没有不知道尊敬他兄长的。亲爱父母是仁；尊敬兄长是义。没有其他的原因，因为这两种品德是通行天下的。"

【义理揭示】

良能与良知是与生俱来，人人皆有的，正如孟子所说"恻隐之心，羞恶之心，恭敬之心，是非之心，人皆有之"。爱父母，敬兄长，是人的良能良知，这是不用教导，不用学习就知道的。

本篇中孟子所谓的良能良知，在我们今天的交往和处世中是否真实存在呢？那就只有扪心自问，体察自身，从而给出各自的回答。但起码有一条，爱父母，敬兄长是通行天下的伦理道德，也是"交往以礼"要坚守的道德底线。

五 礼起于何也

【原文选读】

礼起于何也？曰：人生而有欲，欲而不得，则不能无求。求而无度量分界①，则不能不争；争则乱，乱则穷②。先王恶③其乱也，故制礼义以分④之，以养人之欲，给人之求。使欲必不穷于物，物必不屈⑤于欲。两者相持⑥而长，是礼之所起也。

故礼者，养⑦也。刍豢⑧稻粱，五味调香，所以养口也；椒兰芬苾⑨，所以养鼻也；雕琢刻镂，黼黻⑩文章，所以养目也；钟鼓、管磬、琴瑟、竽笙，所以养耳也；疏房、檖⑪貌、越席、床笫⑫、几筵，所以养体也。故礼者，养也。

（选自《荀子·礼论篇》）

第九章 交往以礼

注释:

①度量分界：即度量和分界，可以译作范围、限度。

②穷：秩序混乱，处于困境。

③恶：担心，害怕。

④分：是指名分和职分，用作动词，意思是确定人的等级、地位、官职等等。

⑤屈：竭尽。

⑥相持：一般译作"相互制约"，并不错，但翻译为"平衡"显然更好一些。

⑦养：护养，是取"护养之（使其存在而不至于消失）并培育之（使其得到发展）"的意思。"礼者，养也"其实是说有了礼，人过"人的生活"，才有了人际关系的保证，因此也就可以说，"是礼创造了人"。这同"人是社会的动物"这个定义是相通的。

⑧刍（chú）豢（huàn）：指牛羊猪狗等牲畜，这里泛指肉类食品。

⑨椒兰芬苾：椒与兰，皆芳香之物，故以并称。芬苾，芳香。

⑩黼（fǔ）黻（fú）：本指礼服上所绣的华美花纹，这里是华美的意思。

⑪櫘：通"邃"，深邃。

⑫笫（zǐ）：床上竹编的席，亦为床的代称。

【文意疏通】

礼是怎样产生的呢？荀子解释说：人生来就有欲望，如果欲望得不到满足，就不能不去追求满足；追求若是没有一个范围、限度，人们之间就必定发生争执；人和人发生了争执，社会就会混乱失序；社会混乱失序，物资就会更加短缺。所以古代圣王担心社会混乱失序，就制定礼义制度来确定人们的名分、职分，以此来养护人们的欲望，满足人们的追求，使人们的欲望决不会由于物资匮乏而完全得不到满足，社会物资也不会因为人们欲望无度而至于枯竭，也就是说，使人的欲望和社会物资两者平衡地增长，这就是礼的起源。

所以礼，是调养人们欲望的。牛羊猪狗等肉食和稻米谷子等粗粮，五味调和的佳肴，是用来调养嘴巴的；椒树兰草香气芬芳，是用来调养鼻子的；在器具上雕图案，在礼服上绘彩色花纹，是用来调养眼睛的；钟、鼓、管、磬、琴、瑟、竽、笙等乐器，是用来调养耳朵的；窗户通明的房间、深邃的朝堂、柔软的蒲席、床上的竹铺、矮桌与垫席，是用来调养躯体的。所以说，礼是调养人们欲望的。

【义理揭示】

本篇是荀子对礼的论述。荀子把礼说成是"先王"制定的，并不符合事实。礼在最初只是禁忌、风俗、习惯，不成文法，先王的自觉制定是很晚的事情，并且这个"制定"最初也只是把一些比较公允而又行之有效的老规矩明确下来，正式加以颁布。可见，"礼"就是为了使欲望和外物得以平衡才出现的。

荀子认为"礼"产生的根据，是必须解决人们之间的"争"，阻止社会陷于"乱"，这同孔子的"礼之用，和为贵"的思想（《论语·季氏》）是相通的。礼的功能、作用是帮助人作为人存在和发展，这同孔子"不学礼，无以立"的思想（《论语·学而》）更是如出一辙。所以，荀子的理论，无疑是对孔子思想的继承和发展。

六 晋献公之丧

【原文选读】

晋献公之丧，秦穆公①使人吊公子重耳。且曰："寡人闻之：亡国恒于斯，得国恒于斯。虽吾子俨然在忧服②之中，丧③亦不可久也，时亦不可失也，孺子④其图之！"以告舅犯⑤。舅犯曰："孺子其辞焉！丧人无宝，仁亲⑥以为宝。父死之谓何？又因以为利，而天下其孰能说之？孺子其辞焉！"公子重耳对客曰："君惠吊亡臣重耳，身丧父死，不得与于哭泣之哀，以为君忧。父死之谓何？或敢有他志，以辱君义？"稽颡⑦而不拜，哭而起，起而不私。子显以致命⑧于穆公，穆公曰："仁夫，公子重耳！夫稽颡而不拜，则未为后也，故不成拜⑨。哭而起，则爱父也。起而不私，则远利也。"

(选自《礼记·檀弓下》)

注释：

①秦穆公：春秋战国时诸侯国秦国的国君，姓嬴，名任好，春秋五霸之一。

②吾子：表示亲爱的称呼。俨然：严肃的样子。忧服：忧伤服丧。

③丧：失位逃亡。

④孺子：对年幼者的称呼。

⑤舅犯：狐偃（约前715—前629），姬姓，狐氏，字子犯，又称舅犯。春秋时晋国国卿。

⑥仁亲：以仁爱对待亲人。

⑦稽颡（qǐ sǎng）：古代一种跪拜礼，屈膝下拜，以额触地，表示极其虔诚。

⑧子显：公子縶（zhì），字子显，是秦穆公派来吊唁的使者。致命：复命，汇报。

⑨不成拜：指稽颡，不拜谢。

【文意疏通】

晋献公死后，秦穆公派使者子显向公子重耳吊唁，并且说："我听说，亡国常在这时，得到国家也常在这时。虽然你现在庄重地处在忧伤服丧期间，但失位流亡不宜太久，不可失去谋取君位的时机。请你好好考虑一下吧！"重耳把这些话告诉了舅犯。舅犯说道："你要拒绝他的劝告！流亡在外的人，没有什么宝贵的东西，只有把以仁爱对待亲人的态度当作宝物。父亲去世是怎样的事啊？利用这种机会来图利，天下谁能为你辩解？你还是拒绝了吧！"于是公子重耳答复使者说："贵国国君太仁惠了，派人来为我这个流亡之臣吊唁。我流亡在外，父亲去世了，因此不能到灵位前去哭泣，以此表达我心中的悲哀，让贵国国君为我担忧。父亲去世是怎样的事啊？我怎敢有别的念头，有辱于国君待我的厚义呢？"于是重耳跪下叩头并不拜谢，哭着站起来，起来之后也不与宾客私下交谈。子显就向秦穆公报告了这些情况，穆公说："公子重耳，很仁义啊！他只是叩头却不行拜礼，这是不以继承君位者自居，所以不行拜礼。哭着站起，这是表示敬爱父亲。起身后不与宾客私下交谈，这是不贪求私利的行为啊。"

【义理揭示】

面对权力的诱惑而不动，流亡在国外而不安称为君主接班人。在历史上，恐怕只有在春秋战国时期才会有这种事。那个时候，做一个堂堂正正的君子，不搞阴谋诡计，凡事讲究礼仪，讲究名正言顺，追求礼至事成，这是很体面的事情。

本篇启示我们：凡事讲礼，尤其是在权力、女色、财物、金钱、名誉和地位的诱惑面前，更要讲究取之有道。孔子为了维护"礼"的理想秩序，坚持非礼勿视，非礼勿听，非礼勿行。同"法"相比，"礼"更多的是一种软性的社会规范。它主要依靠人们内心的自觉，而内心的自觉主要来自于性情的陶冶和修炼。因而，这种软性的规范作用往往也是相当有限的。

七 曾子避席

【原文选读】

仲尼居①，曾子侍②。子曰："先王有至德要道③，以顺天下。民用和睦，上下无怨。汝知之乎？"曾子避席④曰："参不敏，何足以知之？"

子曰："夫孝，德之本也，孝之所由生也。复坐，吾语汝。身体⑤发肤，受之父母，不敢毁伤⑥，孝之始也。立身⑦行道，扬名于后世，以显⑧父母，孝之终也。夫孝，始于事亲，中于事君，终于立身。"《大雅》云："无念尔祖⑨，聿修厥⑩德。"

（选自《孝经·开宗明义章》）

注释：

①居：坐。

②侍：陪侍。

③先王：古代圣王。至德：最高的德行。要道：重要的道理。

④避席：离开座位表示尊重。

⑤身体：躯干为身，四肢为体。

⑥不敢毁伤：不敢使它受到诽谤和损伤。

⑦立身：树立自身，成就自己，修养自身。

⑧显：高贵，尊贵。

⑨无念尔祖：怎能不想念你自己的先祖。

⑩聿（yù）：助词，用于句首或句中，无义。修：学习，发扬。厥：代词，相当于"其"，他们的，如苏洵《六国论》中的"思厥先祖父"。

【文意疏通】

孔子坐着，曾子陪侍在他的旁边。孔子说："古代圣王有一种最高、最重要的德行道理，用来顺服天下，老百姓因此和睦相处，君臣上下也没有什么怨恨。你知道这种道德吗？"曾子离开座位恭敬地回答："曾参不聪明，怎么能够知道呢？"

孔子说："孝道便是道德的根本，教化由此而产生。你返回到座位上去吧，我告诉你。人的躯干四肢毛发皮肤，都是从父母那里接受而来的，不敢使它们受到诽谤和损伤，这是实行孝道的开始。修养自身，推行道义，扬名到后世，使父母受到尊贵，这是实行孝道的归宿。孝道，从侍奉父母开始，以服侍君主作为继续，成就自己忠孝两全，才是孝道的最终归宿。"《诗经·大雅·文王》说："怎能不想念你自己的祖先，努力学习修其德。"

【义理揭示】

孔子"仁"的思想中，"礼"是"仁"的外在表现形式，有"礼"而无"仁"，则是伪君子。曾子在孔子弟子中并不算天资出

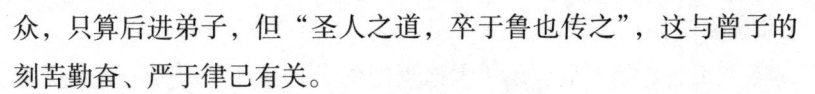

众，只算后进弟子，但"圣人之道，卒于鲁也传之"，这与曾子的刻苦勤奋、严于律己有关。

本篇中曾子的"避席"是一种非常礼貌的行为。当曾子听到老师要向他传授道德时，他立即站起身来，走到席子的外面恭敬地向老师请教，这是为了更好地表示对老师的尊重，也是"求仁"的表现。而孔子则让他返回座位，并以孝道是道德的根本，忠孝两全是孝道的归宿，对曾子实施教化，可谓因材施教，教学相长。

八 礼贤下士

【原文选读】

吴既赦[1]越，越王勾践反国，乃苦[2]身焦思，置胆于坐，坐卧即仰胆，饮食亦尝胆也。曰："汝忘会稽之耻邪？"身自耕作，夫人自织，食不加肉，衣不重采[3]，折节下贤人，厚遇宾客，振贫吊[4]死，与百姓同其劳。

（选自《史记·越王勾践世家》）

注释：

①赦：赦免。

②苦：使动用法，使……劳苦。

③重（chóng）采：指多种颜色相接的华美衣服。

④吊：悼念，慰问。

【文意疏通】

吴王赦免越王后,越王勾践返回国土,亲身经历劳苦,深深地反思,把苦胆放在座位旁,坐处卧处抬头就能看到苦胆,吃饭也尝苦胆,常常自语:"你忘了在会稽时失败的耻辱了吗?"他亲自去耕种,他的夫人亲自织布,吃饭时不备肉,不穿华丽的衣服,放下架子礼待贤士,厚待宾客,救济贫苦的人民,慰问死者的家人,与百姓一起劳作,共同感受劳动的艰辛。

【义理揭示】

待人以礼,源远流长。两千多年前,从孔子的"不学礼,无以立"(《论语·季氏》),到荀子的"礼者,人道之极也"(《荀子·礼论》),再到西汉戴圣"人有礼则安,无礼则危"(《礼记·曲礼上》),无不表明我国"礼仪之邦"的深厚文化。

本篇越王礼贤下士,待人以礼,礼在对人恭敬,有"礼貌";礼在能体恤他人,有"礼让"。"礼"不是流动的空气,而是不息的长河,有势有态有容。待人以礼,就要讲礼之姿势、姿态与姿容。其实,越王勾践并没有放弃复仇之心,他表面上对吴王服从,但暗中训练精兵,励精图治并等待时机反击吴国。越王勾践为了使自己不忘记以前所受的耻辱,激励自己的斗志,以图将来报仇雪恨,回国后卧薪尝胆,最终东山再起,一举灭吴,恰恰印证了孟子"生于忧患,死于安乐"的思想观点。

九 圣人知礼而有勇

【原文选读】

十年春,及齐平。

夏,公会齐侯于祝其①,实夹谷。孔丘相②。犁弥③言于齐侯曰:"孔丘知礼而无勇,若使莱④人以兵劫鲁侯,必得志焉。"齐侯从之。孔丘以公退,曰:"士兵之⑤!两君和好,而裔夷⑥之俘以兵乱之,非齐君所以命诸侯也。裔不谋夏,夷不乱华,俘不干盟,兵不偪好⑦。于神为不祥,于德为愆⑧义,于人为失礼,君必不然。"齐侯闻之,遽辟之。

将盟,齐人加于载书⑨曰:"齐师出竟⑩而不以甲车三百乘从我者,有如此盟!"孔丘使兹无还⑪揖,对曰:"而不反我汶阳之田、吾以共命⑫者,亦如之!"

齐侯将享公。孔丘谓梁丘据⑬曰:"齐、鲁之故⑭,吾子何不闻焉?事既成矣,而又享之,是勤执事也。且牺、象不出门⑮,嘉乐⑯不野合。享而既具,是弃礼也;若其不具,用秕稗⑰也。用秕稗,君辱;弃礼,名恶。子盍图之!夫享,所以昭德也。不昭,不如其已也。"乃不果享。

齐人来归郓、谨、龟阴⑱之田。

(选自《左传·齐鲁夹谷之会》)

注释:

①公:指鲁定公。齐侯:指齐景公。祝其:即夹谷,地名,在今山东莱芜

夹谷峪。

②相：担任傧相，负责主持会议仪节。

③犁弥：齐国大夫。

④莱：诸侯国名，姜姓，在今山东黄县，被齐国灭掉。

⑤士兵之：命令士兵们拿起武器冲上去。

⑥裔夷：华夏地域以外的民族。

⑦偪好：偪，通"逼"，逼迫友好。

⑧愆（qiān）：伤害。

⑨载书：盟约。

⑩出竟：竟，通"境"，边境，指出境作战。

⑪兹无还：人名，鲁国的大夫。

⑫共命：共，通"供"，供给齐国之命。

⑬梁丘据：齐景公的宠臣。

⑭故：指从前的典章制度。

⑮牺、象：即牺尊、象尊，都是古时的酒器，外形像兽形。不出门：意思是只在朝会和庙堂使用。

⑯嘉乐：指钟、磬等乐器。

⑰秕（bǐ）：不饱满的谷物。稗（bài）：像禾的杂草。

⑱郓（yùn）、讙（huān）、龟阴：都是鲁国的邑名，全在汶水的北岸，即"汶阳之田"。

【文意疏通】

鲁定公十年春天，鲁国同齐国讲和。

夏天，鲁定公和齐景公在祝其会见，祝其实际上就是夹谷。孔子担任傧相。犁弥对齐景公说："孔丘懂得礼仪，但是没有勇气，如果派莱人用武力劫持鲁侯，一定能够如愿。"齐景公听从了犁弥的话。孔子带着鲁定公往后退，并说："士兵们快拿起武器冲上去！两国国君友好会见，而夷人俘虏却用武力来捣乱，这不是齐国国君命令诸侯会合的本意。华夏以外的人不得图谋中原，夷人不得触犯盟会，武力不能逼迫友好。这样做对神灵是不祥的，对德行也是一种伤害，对人是丧失礼仪，国君一定不会这样做。"齐景公听了这番话后，急忙叫莱人避开。

即将举行盟誓时，齐国人在盟书上加上了这样的话："一旦齐国军队出境作战，鲁国如果不派三百辆兵车跟随我们，就按此盟誓惩罚。"孔子让兹无还作揖回答说："如果你们不归还我们汶水北岸的土地，却要让我们供给齐国的所需，也要按盟约惩罚。"

齐景公准备设享礼款待鲁定公。孔子对梁求据说："齐国和鲁国从前的典礼制度，您怎么没听说过呢？盟会的事已经结束了，而又没有设享礼款待，这是让办事人辛苦了。再说牺尊和象尊不出国门，钟磬不能野外合奏。设享礼而全部具备牺象钟磬，这是抛弃了礼仪；如果这些东西不备齐，那就像用秕稗来款待。这是国君的耻辱，抛弃礼仪则名声不好。您为什么不好好考虑一下呢？享礼是用来发扬光大德行的。不能发扬光大，还不如不举行。"结果齐景公就没有举行享礼。

冬天，齐国人向鲁国归还了郓邑、讙邑和龟阴邑的土地。

【义理揭示】

孔子的人格和思想的光辉，是人们后来才逐渐认识到的。他不仅提出了"仁、义、礼、智、信"的思想学说，而且自己躬行实践，为后世子孙树立了典范。本篇中孔子的大义凛然，与妄自尊大、恃强凌弱的齐国君臣针锋相对，的确让我们肃然起敬，油然而生景仰之情。

这则故事启发我们,那些外表貌似强大、不可一世、骄横跋扈的人,没有什么可怕的。他们没有三头六臂,内心很虚弱,只会凭借恐吓、强权和阴谋来获取不义之财。因此,对付他们并不难,最简单最有效的方法就是"以眼还眼,以牙还牙",我们绝不能在关键时刻表现出软弱的一面。而这又取决于"知礼"二字,"有勇"是"知礼"的必然结果,因此,我们切莫忘记了这个历史教训:知礼而有勇。

十 知己而无礼

【原文选读】

越石父①贤,在缧绁②中。晏子出,遭之途,解左骖③赎之,载归。弗谢④,入闺⑤久之,越石父请绝。晏子惧然⑥,摄衣冠谢曰:"婴虽不仁,免子于厄⑦,何子求绝之速也?"石父曰:"不然。吾闻君子诎⑧于不知己而信⑨于知己者。方吾在缧绁中,彼不知我也。夫子既已感寤⑩而赎我,是知己;知己而无礼,固不如在缧绁之中。"晏子于是延入为上客。

(选自《史记·管晏列传》)

注释:

①越石父:齐国的贤士。

②缧绁(léi xiè):捆绑犯人的绳子。

③骖(cān):古代一车三马或四马,左右两旁的马叫骖。

④弗谢:没有告辞,主语"晏婴"省略。

⑤闺（guī）：内室的小门。
⑥愕然：惊异的样子。
⑦厄（è）：灾难，危难。
⑧诎（qū）：通"屈"，屈辱，委屈。
⑨信：通"伸"，伸展，伸张。
⑩感寤：有所感而觉悟。寤，通"悟"。

【文意疏通】

越石父是一个贤能的人，他因犯罪而被绳索捆绑押送。晏子外出，在路上遇到了他，晏子就解下车子左边驾车的马为他赎罪，同他一起坐车回家。到家后，晏子并没有向越石父告辞，就走进内室待了好长的时间，越石父就请求与他绝交。晏子大吃一惊，急忙整理好衣冠道歉说："我虽然没有仁德，可是我把您从危难中解救出来，您为什么这么快提出绝交呢？"越石父说："不是这样的。我听说君子在不了解自己的人那里受到了屈辱，但在了解自己的人面前受到尊重。当我处在绳索捆绑之中时，那些人是不了解我的。你既然觉悟到了并赎我出来，你就是我的知己；知己而待我无礼，那我还不如被捆绑。"晏子于是请他进来，把他当作上客一样对待。

【义理揭示】

礼仪是人类文明的表征，也是一个民族内在精神文化的彰显。礼仪无时无处不在，我们如果不按礼仪行事，就会被认为是无知和无畏之人。

晏子贵为国相，却以越石父为知己，即使越石父在囚禁中，也要迫不及待地解救他，尊重他。

史学家司马迁极力赞美晏子，慨叹自己未遇"解骖赎罪"的知己。因此，他在赞语中说："假令晏子而在，余虽为之执鞭，所忻慕焉。"

文化倾听

待人以礼，是人心所向。礼仪是中华民族的传统美德，从古至今，源远流长。

礼在中国古代是社会的典章制度和道德规范。作为典章制度，它是社会政治制度的体现，是维护上层建筑以及与之相适应的人与人交往中的礼节仪式。而作为道德规范，它是国家领导者和贵族等一切行为的标准和要求。礼在中国古代用于定亲疏，决嫌疑，别同异，明是非。《释名》曰："礼，体也。言得事之体也。"《礼器》曰："忠信，礼之本也；义理，礼之文也。无本不立，无文不行。"可见，礼是一个人为人处世的根本，也是人之所以为人的一个标准。故《论语》曰："不学礼，无以立。"《荀子·礼论》："礼者，人道之极也。"西汉时戴圣在《礼记·曲礼上》中告诫："人有礼则安，无礼则危。"正因为如此，我国被称为"礼仪之邦"。

我国古代先贤与人相处之道，首先就表现为"己与人"的关系，即"己所不欲，勿施于人"，这是与人交往的底线。"温良恭俭让"，这是子贡对老师孔子个性气质的描述，后来成为整个中华民族的基本民族性格和气质。这种整体气质，体现出一个有着悠久历史、深厚文化积淀的古老民族的文明和教养，也体现出一个民族深沉的内涵和深藏的力量。

第九章 交往以礼

与此同时，孟子特别强调人的"耻感"，毫不掩饰地表达出对"无耻"之人的斥责。孟子说："无耻之耻，无耻矣。"（《孟子·尽心上》）又说："耻之于人大矣……不耻不若人，何若人有？"可见，"耻感"对于人来说，太重要了！不把自己不如别人当作耻辱，又怎么能奋起直追，赶上别人呢？是故无耻之人，就会失去道德上的自我反省，从而成为永远甘居下流的无礼之人。

因此，礼仪作为一个健全人所必须具有的素质，它是人们交往的前提，也是处理人与人之间关系的一种规范和约束，更是我们在日常交往中应当共同遵守的道德准则。如果连这一点也不能做好，尽管道貌岸然，也只是一个思想和文化有缺陷的人。

诚然，对于个人来说，礼仪既是一种约束，也是一种陶冶。一方面礼仪是一个民族、一个社会约定俗成的行为准则，是每一个人应该遵守的，按照礼仪行事就会得到肯定的评价；另一方面注重礼仪的人，往往会表现得举止优雅、彬彬有礼，给人一种美的享受，无论是对他人还是对自己，都能起到陶冶身心的作用。四岁的孔融之所以能得到长辈们的称赞，正是因为他学会了"谦让"的美德。一个文化程度很高、但不懂得基本礼仪的人，那他也是一个对社会毫无用处的人。因为道德常常能填补智慧的缺陷，而智慧却永远也填补不了道德的缺陷。

不禁想起《诗经》中的句子，"关关雎鸠，在河之洲，窈窕淑女，君子好逑"。青年男女渴望爱恋是何等炽热，小伙子对心上人的思慕妄想，会让他彻夜难眠、辗转反侧。但是，无论内心多么渴望，他表现出来的求爱行为，仍然是"琴瑟友之"的斯文，乃至男女恋爱成婚，仍然要遵守"钟鼓乐之"的行为规范，这些就是为了告诉我们，人们在表达自己感情和思想追求的时候，也要用"礼乐"这种文明的方式。

同样，礼又是一种外在的形式，但它背后蕴含着深厚的文化积淀，无声地表达着文明的意义。比如参加晚宴时，同事朋友之间相互敬酒，那些修养深厚、平静谦和的人，往往会把酒杯端得比对方要低一些，这是为什么？其实这种现代礼仪，正是传承了《礼记》中"夫礼者，自卑而尊人"的思想。他们试图通过谦恭地降低自己，以尊高对方。虽然身体不能低，但可以用酒杯来代表自己比对方低一些，往往也可以用来表示对对方的恭敬和尊重。

随着社会交往的日益扩大，真诚、文明、富有魅力的交往礼仪，已经成为扩大交流、增进友谊、加强合作、促进发展的重要手段。然而，在公共社交等场合中，如何运用社交礼仪，怎样才能发挥礼仪应有的效应，怎样创造最佳人际关系状态，这就需要我们遵守"交往以礼"的原则。但无论怎样，真诚与尊重都是践行礼仪的重要原则，只有真诚待人，才能做到尊重他人；只有相互尊重，才能创造和谐愉快的人际关系。

生活中的待人以礼，往往不只是对待地位比自己高、家境比自己富、能力比自己强的人，而是恰恰相反。尤其是当遇见那些素昧平生，地位比自己低、无权无势的人，我们是选择俯视，或是俯首；是施恩，或是施礼；是争强，或是争让，这都能看出一个人的修养与境界。事实就是这样，"待上、待富、待强，不难有礼，而难在有体；待下、待穷、待弱，不难有恩，而难在有礼"。要改变这种现象，就需要我们时时修身，事事省身。

当人类进入 21 世纪的今天，现实生活中却还有一些人抱着封建礼教、礼规不放，既伤害了别人，也影响了自己。由此看来，随着时代的变迁，老祖宗留下来的"礼规""礼法""礼训"以及一切传统做法，都应该被重新审度。中华民族的传统美德应当保留，但有的规则应该取其精华去其糟粕。对于有用的，我们要努力继承，而且要用发展的眼光赋予它更多、更新的思想内涵。

文化传递

中国自古就是"礼仪之邦"，在传统社会，"礼"占据着极端重要的位置。作为长期实践调适的结果，除阶级属性之外，礼仪还具有重要的社会功能，即建立维护稳定的社会秩序，创造保持人际关系和社会交往的和谐融洽。然而，曾几何时，礼仪已渐渐被人所忽视。君不见，父母还在厨房忙着烧菜，子女已经自顾自先挑好吃的吃上了；公共汽车上，小孩子一上来就先抢座，而年迈的爷爷奶奶却拎着书包站在一旁；至于插队、大声喧哗、随便占道等公共场所陋习，更是从国内"出口"到国外……社会的"失礼"潜藏着巨大的道德失范风险，小处不讲礼，大处也难以守节。古人因而常常把礼崩乐坏看作社会制度和文化秩序遭遇破坏的前奏。所以，今天我们必须重拾礼仪。

但是也应该看到，今非昔比。传统礼仪的调适对象，是相对封闭、小型、互相熟悉的社会形态，是基于血缘、姻缘、业缘、地缘建构起来的熟人社会。礼仪文化在宗法社会的濡化过程，是以家庭为核心，逐步扩展到家族、宗族、社区、社会和国家，乃至人与天、地、鬼神的关系。贯穿其中的核心和灵魂，都是尊卑贵贱的等级意识。这种社会形态、阶级属性和封建主义意识形态，在社会从传统向现代迈进时遭遇了巨大困境。因此，在革故鼎新的进程中，礼仪与礼教一道，一度遭受了全面的批判否定。然而，把礼仪的社会功能与其意识形态、阶级属性一道批判否定，就等于把传统文化的糟粕和合理成分一起否定，是矫枉过正的态度和做法。

在现代形态下，社会规模急剧扩大，人际关系陌生疏离。置身于像上海这样具有两千多万人口的大都市，一方面人们的社会交往纷繁复杂，一个人一年所接触过的人、所经历过的事，也许比传统社会中一个人一辈子的经历还多。但另一方面，大多社会交往泛泛而短暂。很多人都是点头之交，甚至一面之缘，很多事情都是仅此一次、永不重来。在一些人际互动的场合，比如购买商品、接受服务，以及在公共空间里陌生人之间的互动，当事人都处于匿名状态。然而，现代社会虽然在形态上发生了改变，在互动模式上发生了变化，但不变的是，它仍然需要建立稳定秩序，需要人际关系和社会交往的和谐融洽。

秩序的形成、和谐的实现，既需要外在的行为规范约束，也需要内在的价值情感认同。诸多先行转型社会的经验证明，对传统文化的扬弃传承，是社会转型之后建立秩序、实现和谐的低成本手段。现代西方国家的政务、商务、服务、社交和涉外礼仪，大多可以追溯到西方的传统社会。在亚洲的儒家文化圈内，传统礼仪在现代社会的价值，也早已得到了实践验证。在日本、韩国以及我国台湾地区，彬彬有礼、温文尔雅的传统礼仪，如同文化标识一样令人印象深刻。

当然，今天我们所强调的礼仪，绝不是简单沿袭或恢复传统，而是需要扬弃，即对传统礼仪的核心价值和阶级属性进行现代化改造，使传统礼仪的具体形式符合现代社会生活的特征。礼仪蕴含的核心价值，要从封建伦理道德对统治秩序的维护和顺服，转变为对法律、规则和社会公德的普遍遵守。礼仪所体现的阶级贵贱、宗族尊卑等观念，要转变为现代社会人与人之间的平等、尊重和互爱。三叩九拜的繁文缛节，要代之以简约易行、仪尚适宜的现代礼仪，并根据政务、商务、服务、社交、家庭和涉外等不同领域的性质特征，形成不同的礼仪体系。

我们早已迈进现代社会的大门，对建设现代社会的探索历经百年，但距离稳定、成熟、和谐的社会愿景尚有距离。那些先行现代化的社会几乎都"不忘来路"，善于从传统文化资源中汲取营养，扬弃传承、古为今用。作为传统文化的重要组成部分，礼仪在经历扬弃之后，一定可以在现代社会中发挥功能，在外约束人们的行为举止，在内获得价值情感认同，达到维护秩序、涵养人心、实现和谐的效果。

（选自封寿炎《"失礼"潜藏道德失范风险》，有删改）

文化感悟

1. 联系社会现实和生活实际，谈谈你对"不学礼，无以立"的理解与思考。

2. 上文中说道："作为传统文化的重要组成部分，礼仪在经历扬弃之后，一定可以在现代社会中发挥功能。"在你看来，它可以有哪些功能？请举例说明。

3. 请你列举出一组在人际交往中出现的"失礼"与"有礼"的现象，并展开虚拟对话，写一段评论的文字。

第十章　天地人之道

文化典籍

一　问津①

【原文选读】

长沮、桀溺耦②而耕，孔子过之，使子路问津焉。长沮曰："夫执舆③者为谁？"子路曰："为孔丘。"曰："是鲁孔丘与④？"曰："是也。"曰："是知津矣。"问于桀溺。桀溺曰："子为谁？"曰："为仲由。"曰："是鲁孔丘之徒与？"对曰："然。"曰："滔滔⑤者天下皆是也，而谁以易之？且而与其从辟人之士也，岂若从辟⑥世之士哉？"耰⑦而不辍。子路行以告，夫子怃然⑧曰："鸟兽不可与同群，吾非斯人之徒⑨与而谁与？天下有道，丘不与易也。⑩"

(选自《论语·微子》)

注释：

①问津：问路。津，原指渡口。

②长沮(jù)、桀溺：指两个在水洼地里劳动的高大魁梧的人；长、桀，都形容高大，桀通"杰"；沮，低湿的洼地；溺，指浸在水洼中。耦(ǒu)：两个人在一起，并排。

③执舆：即执辔，缰绳。舆前驾马有辔，所以执辔也叫执舆。

④与：通"欤"，语气词，吗。

⑤滔滔：水弥漫的样子，这里形容天下局势混乱。

⑥辟：通"避"，逃避。

⑦耰(yōu)：用土覆盖种子，播种。

⑧怃(wǔ)然：形容失望的样子。

⑨徒：类。

⑩"天下有道"两句：意思是说倘若天下有道，我就不参与变法的工作了。

【文意疏通】

长沮和桀溺两人一起耕田，孔子路过此地，就让子路去问路。长沮说："驾车的人是谁？"子路说："是孔丘。"长沮问："是鲁国孔丘吗？"子路回答说："是。"长沮又说："他天生就应该知道渡口在哪里。"子路再问桀溺。桀溺说："你是谁？"回答说："我是仲由。"又问："是鲁国孔丘的学生吗？"回答说："是。"桀溺说："天下到处局势混乱，谁和你们去改变？你与其跟随政见不同的人，还不如跟随避世的隐士呢。"他一边说一边不停地播种。子路回来后告诉孔子，孔子失望地说："人不能和鸟兽同群，我不与人打交道，与谁打交道呢？天下太平，我就用不着提倡改革了。"

【义理揭示】

俗话说，人各有志，不能相强。从这个角度来说，长沮和桀溺

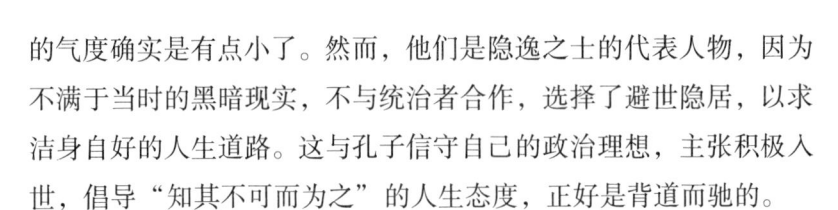

的气度确实是有点小了。然而，他们是隐逸之士的代表人物，因为不满于当时的黑暗现实，不与统治者合作，选择了避世隐居，以求洁身自好的人生道路。这与孔子信守自己的政治理想，主张积极入世，倡导"知其不可而为之"的人生态度，正好是背道而驰的。

"问津"在文中有双重的含义，一方面是指自然意义上的渡口，另一方面是指现实生活中人生道路的选择。无论从哪一种意义来说，这个故事都表现出孔子四处碰壁而志向不改，走投无路却毫不懈怠的崇高精神境界，这种坚定不移、锲而不舍的入世精神，已深深地融入封建士大夫的人格之中，为后人所敬仰。

二 孟子三乐

【原文选读】

孟子曰："君子有三乐，而王①天下不与存焉②。父母俱存，兄弟无故③，一乐也；仰不愧于天，俯不怍④于人，二乐也；得天下英才而教育之，三乐也。君子有三乐，而王天下不与存焉。"

(选自《孟子·尽心上》)

注释：

①王：作动词，称王。

②焉：兼词，相对于"于之""于此"。

③无故：没有什么意外的事情，引申为平安、友善。

④怍：惭愧。

【文意疏通】

孟子说:"君子有三件快乐的事,可是以德服天下不在其中。父母都健在,兄弟没有病患,这是第一件快乐的事情;仰头对天不觉得内疚,低头对人不觉得惭愧,这是第二件快乐的事;得到天下优秀的人才并教育他们,这是第三件快乐的事。君子有三件快乐的事,而以德服天下却不在其中。"

【义理揭示】

朱熹在《集注》中引林氏的话说:"此三乐者,一系于天,一系于人,其可以自致者,惟不愧不怍而已。"他认为孟子所谓的"三乐",一乐取决于天意,三乐取决于他人,只有第二种快乐才完全取决于自身。因此,我们要努力争取的就是孟子所说的第二种快乐,因为它是属于"求则得之,舍则失之,是求有益于得也,求在我者也"的思想范畴,而不是"求之有道,得之有命,是求无益于得也,求在外者也"的东西。

本篇中"孟子三乐"因其质朴真挚而动人心魄,至今闪耀着智慧的光芒。生活中的我们,也许正拥有这些简单的快乐,就请珍爱并享受它们,不要让它们远离自己。

三 天之道

【原文选读】

天之道,其犹张弓与?高者抑之,下者举之,有余者损之,不足者补之。天之道,损有余而补不足。人之道①,则不然,损不足以奉有余。孰能有余以奉天下，唯有道者。是以圣人为而不恃②，功成而不处③，其不欲见④贤。

(选自《道德经·下篇》)

注释：

①人之道：指人类社会的一般法则和律例。

②恃：依赖，依靠，这里引申为占有。

③不处（chǔ）：不据有，不居功。

④见：动词偏指一方，第一人称代词，指自己。

【文意疏通】

自然的规律，不是很像张弓射箭一样吗？弦如果拉高了，就要把它压低一些，拉低了就把它举高一些，拉得过满了就把它放松一些，拉得不足了就把它补充一些。自然的规律，是减少有余的补给不足的。可是社会的法则却不是这样，而是减少不足的，来奉献给有余的人。那么，谁又能够减少有余的，来补给天下人的不足呢？只有有道的人才可以做到。因此，有道的圣人，才有所作为而不占有，有所成就而不居功，他们是不愿意显示自己的贤能的。

【义理揭示】

本篇把"天之道"与"人之道"进行对比，主张"人之道"应该效法"天之道"。老子把自然界保持生态平衡的现象归之于"损有余而补不足"。因此，他要求人类社会也应当改变"损不足以奉有余"的不合理、不平等现象，效法自然界"损有余而补不足"的法则和规律。因为"损有余以奉天下"不仅体现出老子的社会财富平均化,而且对人的思想道德观念也提出了较高的要求。

本文是对"民不畏死,奈何以死惧之"这一思想的发展和诠释,强调圣人都会自觉地用"道"的标准来要求自己,惠及他人。

四 天地虽大

【原文选读】

天地虽大,其化均也;万物虽多,其治①一也;人卒虽众,其主君也。君原于德②而成于天,故曰:"玄古之君天下③,无为也,天德④而已矣。"

以道观言⑤而天下之君正,以道观分而君臣之义明,以道观能而天下之官治,以道汎观而万物者应备⑥。故通于天地者,德也;行于万物者,道也;上治人者,事⑦也;能有所艺者,技也。技兼于事,事兼于义,义兼于德,德兼于道,道兼于天。故曰:"古之畜天下者,无欲而天下足,无为而万物化,渊静⑧而百姓定。"《记》曰:"通于一⑨而万事毕,无心得而鬼神服。"

(选自《庄子·天地》)

注释:

①治:这里指万物各居其位,各有所得。

②原:本原。德:自得,即从道的观念出发对待自我和对待外物的顺任态度。

③玄古:遥远的古代。君:用作动词,"君天下"即君临天下,统驭天下。

④天德:听任自然,顺应自得。

⑤道：庄子笔下的"道"包含两层意思：一是大千世界万事万物，归根结底是没有区别的，齐一的；二是事物的发展和变化有其自身的规律，非人为所能改变。这里侧重后一含义。言：名，称谓；古人认为能言者必须名分正，名分正方才有谈论的可能。

⑥汎："泛"的异体字，"汎观"即遍观。备：全，这里是自得而又自足的意思。

⑦事：指万事万物因其本性，各施其能。

⑧渊静：指深沉清静，不扰乱人心；渊，水深的样子。

⑨一：这里指"道"。

【文意疏通】

天和地虽然很大，不过它们的运动和变化却是均衡的；万物虽然纷杂，不过它们各得其所，归根结底却是同一的；百姓虽然众多，不过他们的主宰却都是国君。国君管理天下要以顺应事物为根本而成事于自然，所以说："遥远的古代君主统驭天下，一切都出自无为，即听任自然，顺其自得罢了。"

用道的观点来看待称谓，那么天下所有的国君都是名正言顺的统治者；用道的观点来看待职分，那么君和臣各自承担的道义就分明了；用道的观念来看待才干，那么天下的官吏都尽职尽力；从道的观念广泛地观察，万事万物全都自得而又自足。所以，贯穿于天地的是顺应自得的"德"；通行于万物的是听任自然的"道"；善于治理天下的是各尽其能各任其事；能够让能力和才干充分发挥的就是各种技巧。技巧归结于事务，事务归结于义理，义理归结于顺应自得的"德"，"德"归结于听任自然的"道"，听任自然的"道"归结于事物的自然本性。所以说："古时候养育天下百姓的统治者，无所追求而天下富足，无所作为而万物自行变化发展，深沉宁静而人心安定。"《记》这本书上说:"通晓大道,因而万事自然圆满成功,无心获取,因而鬼神敬佩服帖。"

【义理揭示】

"天"和"地"在庄子哲学思想体系中乃"元气之所生,万物之所祖"。一个高远在上,一个浊重在下,故而《庄子》以"天地"为开篇。

本篇阐述了庄子"无为而治"的思想主张,与《在宥》的主旨大体相同,表明了庄子反对一切社会制度,摒弃一切假仁假义的政治思想。然而,要阐明"无为而治"这一思想的基础在于"道"。"道"代表的是其哲学基础和最高范畴,既是世界起源和本质的观念,又是人的最高思想境界。因此,庄子认为,人在治理天下时,就应当是无为的,即"天道无为"。"道"是"先天地生""道未始有封"的,"大无用"就是"有用",并极力地幻想达成一种"天地与我并生,万物与我为一"(《齐物论》)的主观精神境界。

五 大道之行也

【原文选读】

大道之行①也,天下为公,选贤与能,讲信修睦②。故人不独亲③其亲,不独子其子,使老有所终,壮有所用,幼有所长,鳏、寡、孤、独、废疾者皆有所养,男有分④,女有归⑤。货恶⑥其弃于地也,不必藏于己;力恶⑦其不出于身也,不必为己。是故谋闭而不兴⑧,盗窃乱贼而不作,故外户而不闭,是谓大同⑨。

(选自《礼记·礼运》)

【注释】

①大道：指古代政治上的最高理想。行：施行。

②讲信修睦：讲求诚信，培养和睦的气氛。修，培养。

③亲：意动用法，以……为亲；下文"子其子"中的第一个"子"也是意动用法。

④男有分（fèn）：男子有职务。分，职分，指职业、职务。

⑤归：本意是指女子出嫁，这里可以理解为女子有归宿。

⑥恶（wù）：憎恶。

⑦力恶：宾语前置，指憎恨在公共劳动中不出力的行为。

⑧闭：杜绝。兴：发生。

⑨大同：指理想社会。同，有和平的意思。

【文意疏通】

在大道施行的时候，天下是人们所共有的，把品德高尚的人和能干的人都选拔出来，人人讲求诚信，培养和睦。因此，人们不仅仅把自己的亲人当作亲人来赡养，不仅仅抚育自己的子女，使老年人能安享晚年，使壮年人能为社会效力，使孩子健康成长，使老而无妻的人、老而无夫的人、幼而无父的人、老而无子的人和残疾人都能得到供养。男子有职务，女子有归宿。对于财货，人们憎恶把它扔在地上的现象，却不一定要自己私藏；人们都愿意为公众之事竭尽全力，而不一定为自己牟私利。因此，奸邪之谋就不会发生，盗窃、造反和害人的事情就不会发生，家家户户都不用关大门了，这就叫作理想社会。

【义理揭示】

本篇中的"大道"是指治理社会所追求的最高准则，其治理的效果就是国泰民安的理想状态。而"大同"是指儒家的理想社会或人类社会的最高阶段,它有三个特点:一是人人都能受到全社会的关爱;二是人人都能安居乐业;三是人人都珍惜劳动成果,却毫无自私自利之心。以上三个特点,充分表明"大同"社会是以"五帝之世"的传说为依据,经过加工提炼而构想出来的一个理想社会模式。

六 王者何贵

【原文选读】

齐桓公问管仲曰:"王者何贵①?"曰:"贵天。"桓公仰而视天。管仲曰:"所谓天者,非谓苍苍莽莽之天也。君②人者,以百姓为天。百姓与③之则安,辅之则强,非④之则危,背之则亡。《诗》云:'人⑤之无良,相怨一方。'民怨其上,不遂⑥亡者,未之有也。"

(选自《说苑·建本》)

注释:

①贵:崇尚,重视。

②君:动词,做……君主。

③与:赞许,称赞。

④非:非难,责怪。

⑤人:这里指统治者。

⑥遂:终究。

【文意疏通】

齐桓公问管仲说:"做帝王的以什么为贵呢?"管仲说:"以天为贵。"

齐桓公抬起头看看天空。管仲说:"我所说的天,不是指苍茫天地的天。做君主的,要以百姓为天,百姓拥护他就天下安宁,辅佐他就国家富强,认为他不对国家就有危难了,背叛他国家就灭亡了。《诗经》说:'主人如果不贤良,这一带的民众就会怨恨他。'老百姓怨恨他们的国君,国家最终不遭到灭亡的,这是从来没有的事。"

【义理揭示】

孔子说:"君子务本,本立而道生。"(《论语·学而》)意在强调致力于根本是国君的头等大事。作者借管仲之言,提出了"以百姓为天"的民本思想,规劝君主要得到百姓的亲附和辅佐,社会才会安定,国家才能走向强盛。反之,就会招致祸害,甚至是亡国。

本篇中管仲的这种"君人者,以百姓为天"的思想,不仅直接影响了后世孟子等人"民贵君轻"的思想,而且对当今如何构建良好的人际关系,怎样建设社会主义和谐社会等,都具有十分重要的价值和意义。

七 齐大饥

【原文选读】

齐大饥。黔敖为食于路,以待饿者而食①之。有饿者蒙袂②辑屦③,贸贸然④来。黔敖左奉⑤食,右执饮,曰:"嗟⑥!来食!"扬其目而视之,曰:"予唯不食嗟来之食,以至于斯也!"从而谢⑦焉,终不食而死。曾子闻之,曰:"微与⑧!其嗟也可去,其谢也可食。"

(选自《礼记·檀弓下》)

注释：

①食（sì）：拿饭给人吃。

②蒙袂（mèi）：用衣袖蒙着脸，这里指不愿见人。袂，指衣袖。

③辑屦：郑玄注："辑，敛也。敛屦，力惫不能屦也。"意思是拖着鞋走路，形容潦倒困顿的样子。

④贸贸然：眼睛看不清而莽撞前行的样子。

⑤奉：通"捧"，端着。

⑥嗟：带有轻蔑意味的呼唤声，语气词，喂。

⑦从：跟随。谢：表示歉意。

⑧微与：不应该这样。郑玄注："微，犹无也。无与，止其狂狷之辞。"孔颖达疏："微与者，微，无也；与，语气助词，表感叹。言饿者无得如是与！"

【文意疏通】

齐国出现了严重的饥荒。黔敖在路边准备好饭食，以供路过的饥饿的人来吃。有个饥饿的人用袖子蒙着脸，无力地拖着脚步，莽撞地走过来。黔敖左手端着饭食，右手端着汤，说道："喂！来吃吧！"那个饥民扬眉抬眼看着他，说："我就是不愿吃嗟来之食，才落到今天这个地步的！"黔敖追上前去向他道歉，他仍然不吃，最终饿死了。曾子听到这件事后，说："恐怕不应该这样吧！黔敖在无礼呼唤时，他当然是可以拒绝的，但在黔敖道歉以后，他就可以去吃了。"

【义理揭示】

黔敖是齐国的一位富商，本想做点好事，却因为自己太傲气，反而导致自己的施舍别人不能接受。历史上著名的"不食嗟来之

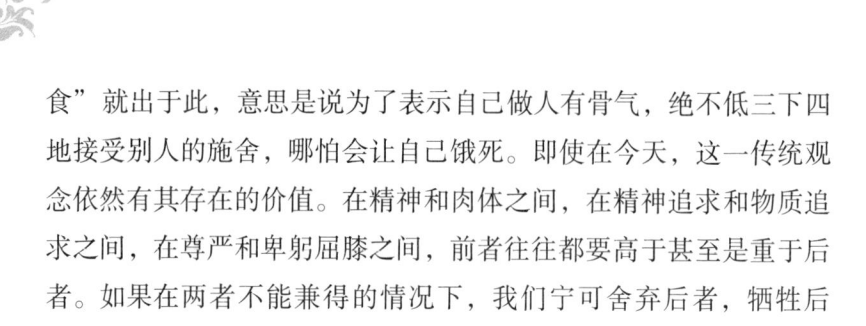

食"就出于此,意思是说为了表示自己做人有骨气,绝不低三下四地接受别人的施舍,哪怕会让自己饿死。即使在今天,这一传统观念依然有其存在的价值。在精神和肉体之间,在精神追求和物质追求之间,在尊严和卑躬屈膝之间,前者往往都要高于甚至是重于后者。如果在两者不能兼得的情况下,我们宁可舍弃后者,牺牲后者,也不要让自己成为行尸走肉的衣冠禽兽。

本篇启示我们:人之所以为人,而非行尸走肉之流,大概就在于人是有尊严、有骨气和有精神的,而这些都是独一无二的存在,无法替代。

八 天人之分

【原文选读】

天行有常①,不为尧存,不为桀亡。应之以治则吉,应之以乱则凶。强本而节用,则天不能贫,养备而动时②,则天不能病;修道而不贰③,则天不能祸。故水旱不能使之饥渴,寒暑不能使之疾,祆怪④不能使之凶。本荒而用侈,则天不能使之富;养略而动罕⑤,则天不能使之全;倍道而妄行,则天不能使之吉。故水旱未至而饥渴,寒暑未薄而疾,祆怪未至而凶。受时与治世同,而殃祸与治世异,不可以怨天,其道然也。故明于天人之分,则可谓至人矣。不为而成,不求而得,夫是之谓天职⑥。如是者,虽深,其人不加虑焉;虽大,不加能焉;虽精,不加察焉;夫是之谓不与天争职。天有其时,地有其财,人有其治,夫是之谓能参。

……

第十章 天地人之道

　　万物为道一偏，一物为万物一偏，愚者为一物一偏，而自以为知道，无知也。慎子⑦有见于后，无见于先；老子有见于诎⑧，无见于信⑨；墨子有见于齐，无见于畸⑩；宋子⑪有见于少，无见于多。有后而无先，则群众无门；有诎而无信，则贵贱不分⑫；有齐而无畸，则政令不施；有少而无多，则群众不化。《书》曰："无有作好，遵王之道；无有作恶，遵王之路⑬。"此之谓也。

（选自《荀子·天论篇》）

注释：

　　①天行：天道，自然界的运行规律。常：指有一定的规律。

　　②养：养生之具，即衣食之类。动时：动之以时，这里指役使百姓，不违背时令。

　　③修：遵循，顺应。贰：差错。

　　④祆怪：祆，通"妖"，即妖怪，指自然灾害和自然界的变异现象。

　　⑤略：不足。动罕：怠惰的意思。

　　⑥"不为"三句：即孔子所言"天何言哉？四时行焉，百物生焉，天何言哉"之意。

　　⑦慎子：慎到，战国中期法家代表人物之一。慎到主张法治，认为人只要跟在法后面就行了。

　　⑧诎（qū）：通"屈"，弯曲。

　　⑨信：通"伸"，老子主张以屈为伸，以柔克刚，所以荀子批评他"见于诎，无见于信"。

　　⑩畸：不齐。

　　⑪宋子：宋鈃，战国时宋国人。宋子认为人天生的欲望是很少的，很容易得到满足。

　　⑫"有诎"两句：荀子认为按照老子的思想去做，则人人委曲不争，没有人会进取，那么贵贱就没有区别了。

⑬"无有"四句：此处引文见《尚书·洪范》。作好，有所偏好；作恶，有所偏恶。

【文意疏通】

　　自然界的运行有自己的规律，不会因为尧之仁而存在，也不会因为桀之暴而消亡。用合理的措施来承接它就会吉祥，反之，用不合理的措施来承接它就会有凶灾。加强农业，节省用度，那么老天不会让他贫穷，衣食充足而让百姓按季节劳作，那老天就不会使其困苦；顺应自然规律而无差失，那么老天就不会降祸于他。所以水涝干旱不能使之饥渴，四季冷热的变化不能使其生病，灾异的现象也不能带来灾凶。反之，农业荒芜而用度奢侈，那么老天不会使其富裕；衣食不足而又懒于劳作，那么老天就不会保全其生；违背天道而胡乱行事，那么老天不会让其吉祥顺利。所以没有水旱之灾却出现饥寒，没有冷热近身却出现疾病，没有灾异却发生了凶灾。遭到的天时与治世相同，遇到的灾祸却与治世大异，这不可以归咎于天，而是由于人自己的行为招致的。所以明白天人之间的区别，便可以说是圣人了。不用作为而有成，不用求取而有得，这便是老天的职能。如果这样，天道虽然深远，圣人不会随意测度；天道虽然广大，圣人也不会以为自己有能力去施加什么；天道虽然精微，圣人也不去考察；这就叫不与老天争职。天有四季寒暑，地有自然资源，人有治理能力，这就叫与天地参与配合。

　　世界上的各种事物都只是道的一部分，每一样事物也只是万物的一部分，愚昧的人只认识一种事物的一部分，就自以为认识了整个道，这实在是太无知了。慎子只看到跟从法治的作用，而不了解预先倡导的重要；老子只强调柔顺、无为，而不懂得积极有为的重要；墨子主张平等相爱，却不懂得尊卑有序的道理；宋鈃以为人天生寡欲，却不知道人的天性是贪婪好利的。如果按照慎子的思想去做，那么在上者就会无意化导人们，人们想为善也就会无门可入了；如果按照老子的思想去做，那么人人都会消极顺从，贵贱也就没有区别了；如果按照墨子的思想去做，那么就会造成政令无法推行；如果按照宋子的思想去做，百姓就得不到教化。《尚书》说："不要有所偏好，应当遵循圣王的道路前进；不要有所偏恶，应当遵循圣王的道路前进。"说的就是这个意思。

【义理揭示】

本篇论述了天人之间的关系，阐明了"一个人首先要做自己，然后才有独立的人格立于天地"的道理。在这段文字中荀子指出，自然的运行是有规律的，它无所偏袒。顺应这个规律就吉祥，违背它就有灾凶。所以智者、圣人只考虑世间之事，只考虑如何顺应自然，而不去考虑怎样改变自然规律。因此，荀子认为，普通人往往把自己的命运寄托给上天，当上天出现罕见的自然现象时，人就自然地认为在自己身上也会相应地出现意外的情况，于是才会出现"日月食而救之，天旱而雩，卜筮然后决大事"的行为。

上文中荀子对天人之间关系的认识，不仅强调了人的作用和天的作用同样重要，而且对于人类社会来说，人的影响比天的影响更大，人应该多考虑自己应该做和可以做的事情，而不只是去关注自己认为重要的事情。

九 尧让天下于许由

【原文选读】

尧让天下于许由①，曰："日月出矣，而爝火②不息；其于光也，不亦难乎？时雨降矣，而犹浸灌；其于泽也，不亦劳乎？夫子立③而天下治，而我犹尸④之；吾自视缺然⑤，请致天下。"许由曰："子治天下，天下既已治也；而我犹代子，吾将为名乎？名者，实之宾⑥也；吾将为宾乎？鹪鹩⑦巢于深林，不过一枝；偃鼠⑧饮河，不过满腹。归休乎君，予无所用天下为！庖人虽不治庖，尸祝不越樽俎⑨而代之矣！"

……

肩吾问于连叔⑩曰："吾闻言于接舆，大而无当⑪，往而不反。吾惊怖其言，犹河汉而无极也；大有迳庭⑫，不近人情焉。"连叔曰："其言谓何哉？"曰："藐姑射⑬之山，有神人居焉。肌肤若冰雪，绰约若处子，不食五谷，吸风饮露，乘云气，御飞龙，而游乎四海之外；其神凝，使物不疵疠⑭而年谷熟。吾以是狂而不信⑮也。"连叔曰："然。瞽者无以与乎文章⑯之观，聋者无以与乎钟鼓之声。岂唯形骸有聋盲哉？夫知亦有之！是其言也犹时女也。之人也，之德也，将旁礴万物以为一，世蕲乎乱，孰弊弊焉⑰以天下为事！之人也，物莫之伤：大浸稽天而不溺，大旱金石流，土山焦而不热。是其尘垢秕糠将犹陶铸尧舜者也，孰肯以物为事？"

……

宋人资章甫⑱而适诸越，越人断发文身，无所用之。尧治天下之民，平海内之政，往见四子⑲藐姑射之山，汾水之阳，窅然丧其天下焉[20]。

（选自《庄子·逍遥游》）

注释：

①尧：我国历史上传说时代的圣明君主。许由：古代传说中的高士，字仲武，隐于箕山。相传尧要让天下给他，他自命高洁而不受。

②爝（jué）火：炬火，木材上蘸上油脂燃起的火把。

③立：居位，在位。

④尸：庙中的神主，这里用其空居其位，虚有其名之义。

⑤缺然：不足的样子。

⑥宾：次要的、派生的东西。

⑦鹪鹩（jiāo liáo）：一种善于筑巢的小鸟。

⑧偃鼠：即鼹（yǎn）鼠，善于钻洞。

⑨尸祝：祭祀时主持祭祀的人。樽俎：樽，酒器。俎，盛肉的器皿，这里代指各种厨事，成语"越俎代庖"就出于此。本意为厨师即使不下厨了，也不能由掌管祭祀的人将酒器肉器拿来烹饪。这是说"尽管有人不管事了，也不能超越自己的职责范围代行其事"。

⑩肩吾、连叔：都为庄子笔下虚构的体道之士。《庄子》一书，此类人物很多，即使是史上确有其人的，也是一副"道家"腔调、"道家"风格。

⑪当（dàng）：底，边际。

⑫迳：门外的小路。庭：堂外之地。"迳庭"连用，这里喻指差异很大，成语"大相径庭"就出于此，迳同"径"。

⑬藐（miǎo）：遥远的样子。姑射（yè）：山名。

⑭疠疫（lì）：疾病。

⑮狂：通"诳"，虚妄之言。信：真实可靠。

⑯瞽（gǔ）：盲。文章：花纹，色彩。

⑰弊弊焉：忙忙碌碌、疲惫不堪的样子。

⑱资：贩卖。章甫：古代殷地人的一种礼帽。
⑲四子：旧注指王倪、齧缺、被衣、许由四人，实为虚构的人物。
⑳窅（yǎo）然丧其天下焉：怅然若失忘却了天下。窅然，怅然若失的样子。

【文意疏通】

　　尧打算把天下让给许由，说："太阳和月亮都已经升起来了，可是小小的炬火还在燃烧不熄；它要跟太阳和月亮的光亮相比，不是很难吗？季雨及时降落了，可是还在不停地浇水灌地；如此费力的人工灌溉对于整个大地的润泽，不显得徒劳吗？先生如能居于国君之位，天下一定会获得大治，可是我还空居其位；我越看越觉得自己能力不够，请允许我把天下交给你。"许由回答他说："你治理天下，天下既然已经获得了大治，而我却还要去替代你，我是为了名声吗？'名'是'实'所派生出来的次要东西，我将去追求这次要的东西吗？鹪鹩在森林中筑巢，不过是占用一根树枝；鼹鼠到大河边饮水，不过是为了喝饱肚子。你还是打消这个念头回去吧，天下对我来说没有什么用处啊！厨师即使不下厨，祭祀的主持人也不会越俎代庖的！"

　　肩吾向连叔请教说："我从接舆那里听到的谈话，大话连篇没有边际，一说下去就回不到原来的话题上。我十分惊恐他的言谈，就好像天上的银河没有边际，跟一般人的言谈差异甚远，确实是太不近情理了。"连叔就问："他说的是一些什么呢？"肩吾转述道："在遥远的姑射山上，住着一位神人，皮肤润白像冰雪，体态柔美如处女，不食五谷，吸清风饮甘露，乘云气驾飞龙，遨游于四海之外。他的神情那么专注，使得世间万物不受病害，年年五谷丰登。我认为这全是虚妄之言，一点也不可信。"连叔听了他的话说："是呀！对于瞎子，我没有办法同他们一起欣赏花纹和色彩；对于聋子，我没有办法同他们一起聆听钟鼓的乐声。难道只是形骸上有聋与瞎吗？思想上也有聋和瞎啊！这话似乎就是说你肩吾的呀！那位神人，他的德行与万事万物混同在一起，以此求得整个天下的治理，谁还会忙碌辛苦地把管理天下当成一回事呢！那样的人，外物没有什么能伤害他，滔天的大水也不能淹没他，天下大旱使金石熔化、土山焦裂，他也不感到灼热。他所留下的尘埃以及瘪谷糠麸之类的废物，也可以造就出尧、舜那样的圣贤人君来，他又怎么会把忙着管理万物当作己任呢？"

北方的宋国有人贩卖帽子到南方的越国，越国人不蓄头发满身刺着花纹，没有什么地方用得着帽子。尧治理好天下的百姓，安定了海内的政局，到姑射山上和汾水的北面，去拜见四位得道的高士，不禁怅然若失，忘记了自己居于治理天下的地位。

【义理揭示】

本篇详细阐述了庄子"无所依凭"的思想主张，并展现其极力追求精神世界的绝对自由。在庄子的眼里，客观现实中的一事一物，都包括人类本身，都是对立而又相互依存的，没有绝对的自由。人要想无所依凭，就要做到无己。因而，他希望一切应顺其自然，超脱于现实，否定人在社会生活中的一切作用，把人类的生活与万物的生存混为一体。

在庄子的思想体系中他批判世俗的有所待，提出追求无待的理想境界，同时也指明从"有待"至"无待"的具体途径就是："至人无己""神人无功""圣人无名"。这里的"至人""神人""圣人"

都是"道"的化身和结合体，是庄子主张的理想人格。在庄子看来，只有达到"无己""无功""无名"的境界，才能摆脱一切外物之累，从"有待"至"无待"来体会真正的逍遥游。上文中列举宋国商人的事例，旨在告诉我们"无己"是摆脱各种束缚和依凭的唯一途径，只要真正做到忘掉自己、忘掉一切，就能达到逍遥的境界。也只有"无己"的人，才是精神境界最高的人。

十 庞葱与太子质于邯郸

【原文选读】

庞葱与太子质①于邯郸，谓魏王曰："今一人言市有虎，王信之乎？"王曰："否。""二人言市有虎，王信之乎？"王曰："寡人疑之矣。""三人言市有虎，王信之乎？"王曰："寡人信之矣。"庞葱曰："夫市之无虎明矣，然而三人言而成虎。今邯郸去大梁也远于市，而议臣者过于三人矣。愿王察②之矣。"王曰："寡人自为知③。"于是辞行，而谗言先至。后太子罢④质，果不得见。

(选自《战国策·魏策》)

注释：

①质：作动词，意思是当作人质。

②察：明察，细致深刻地观察。

③为知：即"知为"，知道做什么。

④罢：结束，完结。

【文意疏通】

庞葱要陪太子到邯郸去做人质,庞葱对魏王说:"现在,如果有一个人说街市上有老虎,您相信吗?"魏王说:"不相信。"庞葱说:"如果是两个人说呢?"魏王说:"那我就要疑惑了。"庞葱又说:"如果是三个人说呢,大王您相信吗?"魏王说:"我相信了。"庞葱说:"街市上不会有老虎那是很清楚的,但是三个人说有老虎,那就像真有老虎了。如今邯郸距离大梁,比我们到街市要远得多,而诽谤我的人超过了三个。希望大王能明察秋毫。"魏王说:"我知道该怎么办了。"于是庞葱告辞而去,但是诽谤他的话很快传到魏王那里。后来太子结束了人质的生活,庞葱果真就不能再见魏王了。

【义理揭示】

这则故事本来是讽刺魏惠王的无知,后借此来比喻有时谣言可以掩盖真相的意思。文中魏王对于事物的态度和反应,从"否"到"疑"再到"信"的变化,无不表明在相互交往中语言世界与真实世界往往是不同的。有时候,我们所听到的语言并不能代表绝对的真实,但语言却是达到真实世界的手段,真实世界往往需要依靠语言来揭示和诠释。

生活中我们对人、对事都不能以为多数人说的就可以轻信,而要多方进行考察、思考,并以事实为依据作出正确的辨析和判断。这种现象在实际生活中很普遍,不加辨识,轻信谎言,往往就会让人犯错误。

文化倾听

"天地人"的含义是什么？在古代的智者看来，"天"主要指大气与气候；"地"主要指地质地理，包括岩石土壤与矿产资源；"人"主要指生活在地球上的人类，广义上包括一切生命体。天地万象，变化莫测，人生际遇，动止纷纭。"天地人"能否和谐相处？作为万物之灵的人，能否进入仰观天文、俯察地理、中通万物之情的境界呢？

从文化传统和文化特质来看，天地人和、和而不同、中庸圆通等，这些都是中国传统文化的根本精神，天人和谐、人际和谐、身心和谐，则是其主要内涵。中国传统文化关于治理天下的基本思路，总体上是大同思想，和而不同。儒家讲究中和，中庸调和；道家讲究天和，道法自然；佛家讲究圆通，圆融无碍。虽然主张不一，但思考是相通的。

在天人关系上，老子明确提出："人法地，地法天，天法道，道法自然。"意思是遵循自然规律，要"天人合一"，不要天人对立。在此影响下先后形成了"天人合一""天人相分""天人感应""天人交胜""人定胜天"等思想主张，它们都从不同的角度探讨了天人关系的问题。然而，处理天人关系的基本思路，概括起来主要还是"天人合一"这一主流思想。它强调的是"天、地与人"三者共生共荣，上得天时、下得地势、中得人和，认为天生万物都是为了人，即所谓"天生之，地养之，人成之"。不论是儒家、道家、墨家或兵家，都把自然看作是大化流行的有机整体，认为人类对自然的态度，应该寄予深切的关怀与同情。

倡导天地人和谐之道，最具代表性的是老子的自然哲学。以老子、庄子为代表的道家，要求人回归自然、顺应自然。老子积极主张"天道自然无为"，认为自然界是独立于人的意识之外而不停地运动着的，正所谓"独立而不改，周行而不殆"。人要顺应事物自己生长变化的原则，不要生硬勉强去做。甚至明确提出"人取法地，地取法天，天取法道"是自然规律，追溯的是天地万物的总和及根本，讲的是顺应自然的行为准则，也是"天人合一"的和谐整体观，有助于人们克服人类与自然之间的对抗。

在天地人和谐相处的基础上，求得社会进步和可持续发展。孔子以"知天命"敬畏苍天，并躬身行之，而不曾有丝毫懈怠与侮慢之心。他认为"生死有命，富贵在天"。他在"君子有三畏"的思想中，明确地把"畏天命"放在第一位，可见其对于天命的敬畏。在此基础上，孟子则提出"尽其心者，知其性，知其性则知天矣"，他把宇宙看作是人性之源，把天命与人性合二为一。他以"仰不愧于天，俯不怍于人"来表明对天道的敬畏之情。由此可见，智者、圣人之所以不凡，是因为他们有所畏惧，也有所敬仰。而平凡之人心存敬畏，抑制浮躁，胸中自然生出一些正气、庄严与崇高。人虽渺小，但心存敬畏，灵魂深处即可清澄而庄严。仰望"天道"，我们不得不敬畏人性的崇高，敬畏生命的神圣，敬畏心灵的纯洁。

然而，上文中孟子"天人合一"的思想则来源于子思。子思最先提出"诚"作为沟通天人的桥梁。子思说："诚者天之道也，诚之者人之道也。诚者不勉而中、不思而得，从容中道，圣人也。"（《中庸》）"诚"就是天道，努力去把握"诚"的过程，则是行"人道"的过程。只有达到"诚"的人，他们是不需要"思"和

"勉"，就能够"从容中道"成为圣人。圣人就是具有"诚"的人，也就是达到了"天人合一"境界的人。在此基础上孟子又说："诚者天之道，思诚者人之道也。"（《离娄上》）可见，孟子直接继承了子思的观点，并且又进一步提出了"思诚"的思想主张。

相比起来，主张"天人相分"的荀子，与主张"天人合一"的孟子，他们在哲学上有一定的差异，但荀子同孟子一样，也极力地弘扬"诚"的思想，并将其提升到宇宙本体的高度。他说："天不言而人推高焉，地不言而人推厚焉，四时不言而百姓期焉，夫此有常以至期诚者也。"又说："天地为大矣，不诚则不能化万物；圣人为知（智）矣，不诚则不能化万民。"（《不苟》）然而，荀子高扬天地之"诚"的目的，在于确证人道之"诚"的可能性和必要性。因此，荀子认为在以"诚"养心的基础上，更极力强调"夫诚者"，君子之所守也，而政事之本也。

在此基础上，荀子十分向往人与人之间的诚信交往，他认为在这种氛围中，即使朋友与你争论什么，那也是相互信任的表现。即使对方站出来批评你，只要他批评得正确，你就应该尊他为师。正所谓"士有争友，不为不义"（《子道》）。"非我而当者，吾师也。"（《修身》）同样，社会主体或政治主体之间的交往，也必须遵守诚信的原则，所谓"义立而王，信立而霸"。反之，"己诺不信则兵弱"，"权谋立而亡"。（《王霸》）荀子从形而上的拷问到形而下的落实，表明了他将诚信广泛地运用于日常交往和非日常交往，从而拓宽了孔、孟所提出的诚实交往的内容。

西汉史学家司马迁认为，决定人类命运的，首先是人类自己，而不是天和鬼神的力量。他提出书写历史是为了"稽其成败兴坏之道"，是"欲究天人之际，通古今之变"。无神论者王充则认为，人之所以贵于物，是因为人有知识和智慧。从他的"天地之性人为贵，贵其识知也"中，我们能感受到"人在自然界并不是完全消极无为的"这一思想。唐代刘禹锡提出"天与人交相胜"的主张，强调天与人各有长处，在一定意义上"人胜于天"。刘过、刘祁、王廷相等人先后也提出"人定胜天"的主张，认为通过人的努力，人的意志和力量是完全可以战胜自然的。

无论怎样，人生活在天地之间，天地就是世界，天地就是社会。人可以包藏天地，天地虽大，可是人心比天地更大。在现实的世界里，我们既要懂规矩，又要学法纪，更不能无法无天。人要对天、地、人怀有敬畏之心，特别是对身边的人，不可轻言污蔑。作为社会的一员，我们既要脚踏实地，又要服务社会。如果我们无视天地，不尊重事物、自然、社会发展的客观规律，一味地强调要征服自然、人定胜天，那么，就不仅不利于人与天地的和谐，而且还会面临着自然和社会所带来的巨大惩罚。

文化传递

一位作家曾说过："我之所以能写出一些好作品，是因为我脚下有地，头顶有天，眼中有人。"他的这句话鲜明地道出了"脚下有地""头顶有天""眼中有人"这三者之间的关系，让我们充分地认识到，做人应知天地人，在天地之间爱人，有天有地更要有人的大道理。因为，在人世间无论我们做什么事，都要守本分，都要合乎天地、合乎良心、合乎道德、合乎人情事理。

然而，我们不要以为孔夫子的《论语》高不可及，现在我们必须得仰望它。殊不知,这个世界上的真理永远都是朴素的,就好像太阳每天都要从东边升起一样,就好像春天要播种,秋天要收获一样。《论语》告诉大家的东西,永远是最简单的。它的真谛就在于教育我们,如何在现代生活中获取心灵快乐,如何适应日常秩序,从而找到自己的人生坐标。

两千五百多年前,孔子教学和生活中的点点滴滴,被学生记录下来。这些以孔子语录以及孔子和学生之间的对话汇集编纂的书,后来就成了《论语》。我们会觉得,《论语》好像没有很严密的逻辑性,很多是就事论事,里面也很少有长篇大论的文字,几乎每一则语录都很简单。其实,无言也是一种教育。子曰:"天何言哉?四时行焉,百物生焉。天何言哉?"(子曰:"予欲无言。"子贡曰:"子如不言,则小子何述焉?"子曰:"天何言哉?四时行焉,百物生焉。天何言哉?"《论语·阳货》)孔子对他的学生说,你看苍天在上,静穆无言,而四季轮转,万物滋生。苍天还需要说话吗?

《论语》最终所要传递的是一种态度,是一种朴素的、温暖的生活态度。他带给我们的是一种在大地上生长的信念,他这样的人一定是从我们的生活里面自然生长脱胎出来,而不是从天而降的。中国的创世神话是盘古开天辟地,但这个开辟不是像西方神话讲的那种突变,中国人不太喜欢这样来叙事,中国人习惯的叙事是像《三五历纪》里描述的那样,是一个从容、和缓而值得憧憬的漫长的过程:天地混沌如鸡子,盘古生其中,万八千岁。天地开辟,阳清为天,阴浊为地。盘古在其中,一日九变,神于天,圣于地。天日高一丈,地日厚一丈,盘古日长一丈,如此万八千岁。天数极高,地数极深,盘古极长。它说开始时"天地混沌如鸡子",盘古在里面待了一万八千年。后来天地分开了,但它不是作为一个固体

"啪"地从中间断裂,而是两股气逐渐分开,阳清之气上升为天,阴浊之气下降为地。这并不是天地开辟的完成,这种成长才刚刚开始。

中国人是讲究变化的。盘古在天地之间"一日九变",像一个新生的婴儿,每天都在微妙地变化着。这种变化最终达到了一个境界,叫作"神于天,圣于地"。这六个字其实是中国人的人格理想,既有一片理想主义的天空,可以自由翱翔,而不妥协于现实世界上很多的规则与障碍;又有脚踏实地的能力,能够在这个天地去进行他行为的拓展。

只有理想而没有土地的人,是梦想主义者不是理想主义者;只有土地而没有天空的人,是务实主义者不是现实主义者。理想主义和现实主义就是我们的天和地。天地开辟之后,天每日就会升高一丈,地每日就会加厚一丈,盘古也"日长一丈",跟着天地一起长。如此又过了一万八千年,最后是"天数极高,地数极深,盘古极长"。人的意义与天和地是一样的,天地人并称为"三才"。因此,在孔子看来,人是值得敬重的,人又是应该自重的。

与西方不同,中国哲学崇尚的是一种庄严、理性和温柔敦厚之美。《论语》中孔夫子的形象,就是这样一种审美理想的化身,凝聚着一种饱和的力量,这种力量就是后来孟子所说的"浩然之气"。只有当天地之气凝聚在一个人心中的时候,他才能够如此强大。

《论语》的思想精髓就在于把天之大、地之厚的精华融入人的内心,使天、地、人成为一个完美的整体,人的力量因而无比强大。我们今天也常说,天时、地利、人和是国家兴旺、事业成功的基础,这是《论语》对我们现代人的启发。

我们永远也不要忘记天地给予我们的力量。"天人合一"就是人在自然中的和谐。我们努力创建和谐社会，而真正的和谐是什么？它绝不仅仅是一个小区邻里间的和谐，也不仅仅是人与人之间的和谐，而是大地上万物和谐且快乐地共成长。人对自然万物，有一种敬畏，有一种顺应，有一种默契。这是一种力量，我们如果学会了提取和锻造这种力量，我们就能够获得孔夫子那样的心胸。我们看到，孔夫子的态度非常平和，而他的内心却十分庄严。因为其中有一种强大的力量，那是信念的力量。

当今社会，我们的物质生活发展加快了，但是许多人越来越不满了。因为他们看到周围总还有乍富的阶层，总还有让自己不平衡的事物。其实，一个人的视力本有两种功能：一个是向外去，无限宽广地拓展世界；另一个是向内来，无限深刻地去发现内心。我们的眼睛，总是看外界太多，看心灵太少。孔夫子教给我们的快乐秘诀，就是如何去找到你作为人的本真和内心的安宁。

(选自于丹《天地人之道》，有删改)

文化感悟

1. 荀子主张"天人相分"，但与主张"天人合一"的孟子相比，在哲学上还是有一定的差异，请简要分析两者的异同。

2. 《说文解字·三部》中说："三，天地人之道也。"人们观察天地、日月星辰及人类社会，常"以三为法"来描述自然与社会。如"三才"指天、地、人；"三光"指日、月、星；"三星"指福、禄、寿。请举例说明"三"字在中国传统文化中所具有的丰富思想内涵。